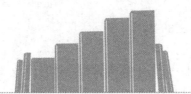

现代高校体育教育专业多维构建

林丽芳　著

北京出版集团

北 京 出 版 社

图书在版编目（CIP）数据

现代高校体育教育专业多维构建 / 林丽芳著. -- 北京：北京出版社，2021.9

ISBN 978-7-200-16589-0

Ⅰ.①现… Ⅱ.①林… Ⅲ.①高等学校－体育专业－发展－研究－中国 Ⅳ.①G812.5

中国版本图书馆CIP数据核字(2021)第163928号

现代高校体育教育专业多维构建

XIANDAI GAOXIAO TIYU JIAOYU ZHUANYE DUOWEI GOUJIAN

林丽芳 著

*

北 京 出 版 集 团
北 京 出 版 社 出版

（北京北三环中路6号）

邮政编码：100120

网 址：www.bph.com.cn

北 京 出 版 集 团 总 发 行

定 州 启 航 印 刷 有 限 公 司 印刷

*

170毫米×240毫米 12.25印张 216千字

2021年9月第1版 2022年1月第1次印刷

ISBN 978-7-200-16589-0

定价：65.00元

如有印装质量问题，由本社负责调换

质量监督电话：010-58572293 58572393

前　言

一、高校体育教育专业的意义

体育在人们的日常生活中具有重要的意义，尤其是随着时代的进步，知识经济带来人口结构的变化，人们对体育的需要也越来越丰富，从而促进了体育与娱乐、体育与康复、体育与健身的结合。体育在人们的生活、学习中扮演着重要的角色，首先体育具有强身健体的功能，能促进政治、经济、文化、教育等领域的发展，其次体育是一种复杂的社会文化现象，以身体活动为基本手段，以增强体质、增进健康以及培养人的各种心理品质为目的。

随着社会经济的发展及生活水平的提高，人们逐渐有了更高的精神需求，参与体育活动已不再仅仅为了强身健体，更希望从中得到更多的精神享受。比如，一次成功的射门、一个漂亮的投篮、跳一段健美操等，这些不仅能强身健体，而且能在精神方面给人带来释放感、愉快感。

健身长跑有助于人们改善呼吸系统和心血管系统。经过科学实践证实，较长时间、有节奏的深长呼吸能使人体吸入大量的氧气，而吸收氧气量若超过平时的 7～8 倍，人体癌细胞的生长和繁殖就会受到抑制。长跑锻炼还可以改善心肌供氧状态，加快心肌代谢，同时使心肌纤维变粗，使心肌收缩力增强，从而提高心脏工作能力。因此，体育爱好者多会选择健身长跑。

任何人想要获得体育相关知识与技能都离不开相关人员的科学指导。除了运动员，体育教育专业人员也是向社会推广体育理念、传授体育知识与技能的主力。体育教育专业推动了我国体育事业的发展，是为国家、社会培养合格体育人才的基地。体育教育专业主要培养适应我国社会主义现代化建设，满足基础教育改革与发展的实际需要，德、智、体、美、劳全面发展，专业基础宽厚，具有现代教育观念，拥有良好科学素养、职业道德、创新精神以及实践能力的复合型人才。

体育教育是狭义的体育，也被称为"小体育"，它是教育的组成部分，是通过身体活动和其他一些辅助性手段进行的有目的、有计划、有组织的教育过程。体育教育本身拥有完整的体系，分为普通体育教育和专门体育教育两大类。体育教育专业的基本特征包括突出的教育性和教学性。体育教育以课堂教学或专门性辅导为主要形式，以身体练习和卫生保健为主要手段。体育教育专业培养的人才在毕业之后可以去学校从事体育教学工作，因为学生在大学阶段会接触教育学、心理学、教育心理学等课程，重点学习体育专业相关课程，包括教案撰写、排课、广播体操、体育游戏规则等。体育教育专业的学生学习完理论课程之后会进入中小学实习，提升知识运用能力，为之后从事体育教育工作奠定基础。

体育教育专业的学生还可以通过专业的训练，成为专业的运动员教练，这不仅要求学生掌握体育教育相关理论知识，还要求其熟悉运动训练的方法与技能。学生在实习阶段，一般会被安排到专业的运动队进行实习，通过理论学习与实践锻炼增强自我应变能力，提升综合能力。

二、一流专业构建的措施

一流专业建设是指教育部为了建设高水平本科教育、全面提高人才培养能力，以建设面向未来、适应需求、引领发展、理念先进、保障有力的一流专业为目标，建设 10 000 个国家级一流专业点和 10 000 个省级一流专业点。

（一）实施一流专业建设"双万计划"

专业是人才培养的基本单元，是建设高水平本科教育、培养一流人才的"四梁八柱"。"双一流"高校要率先建成一流专业，应用型本科高校要结合办学特色努力建设一流专业。

（二）提高专业建设质量

为适应新时代对人才的多样化需求，推动高校及时调整专业人才培养方案，定期更新教学大纲，适时修订专业教材，科学构建课程体系。为适应高考综合改革需求，进一步完善招生选拔机制，推动招生与人才培养的有效衔接。推动高校建立专业办学条件主动公开制度，加强专业质量建设，提高学生和社会的满意度。

（三）动态调整专业结构

深化高校本科专业供给侧改革，建立健全专业动态调整机制，做好存量升级、增量优化、余量消减。主动布局集成电路、人工智能、云计算、大数据、网络空间安全、养老护理、儿科等战略性新兴产业发展和民生急需相关学科专业。推动各地、各行业、各部门完善人才需求预测预警机制，推动高校形成就业与招生计划、人才培养的联动机制。

（四）优化区域专业布局

围绕落实国家主体功能区规划和区域经济社会发展需求，加强省级统筹，建立完善专业区域布局优化机制。结合区域内高校学科专业特色和优势，加强专业布局顶层设计，因地制宜，分类施策，加强指导，及时调整与发展需求不相适应的专业，培育特色优势专业集群，打造专业建设新高地，提升服务区域经济社会发展能力。

三、进一步深化高校体育教育专业改革

对于新时期的学校体育工作，中国共产党第十八届中央委员会第三次全体会议通过的《中共中央关于全面深化改革若干重大问题的决定》明确指出："强化体育课和课外锻炼，促进青少年身心健康、体魄强健。"这一精神和要求具有重要的现实意义和深远的影响，为我国学校体育改革和发展指明了方向。具体而言，高校体育教育专业可以在培养理念、培养目标、课程体系、课程内容、教学方式等方面进行改革和创新，使体育教育专业的学生在未来的工作岗位上更好地发挥作用，为促进青少年身心健康、体魄强健做出更大贡献。

更新体育教育专业培养理念是核心。培养理念关系到培养什么人的问题，高校体育教育专业应将学生的专业意识和理想追求放在人才培养工作的首位，引导学生热爱体育教育教学工作，使他们为自己在未来从事体育教育教学工作感到自豪和骄傲，并乐于为促进学生的健康发展贡献毕生精力。只有这样，他们才能在未来的体育教育教学岗位上为促进学生的健康发展尽心尽责，使体育教育教学岗位成为成就他们梦想的地方。

明确体育教育专业培养目标是根本。毋庸置疑，今天培养的体育教育专业学生绝大多数便是明天的体育教师。要使他们成为合格的体育教育专业毕业生，首先要将其培养成合格的大学生，其次才是可以胜任体育教育教学工作的"准教师"。也就是说，要使体育教育专业的大学生未来成长为合格乃至优秀的体育教师，体育教育专业的培养目标首先要定位于教育工作者，其次是体育教育工作者。只有明确了专业培养目标的层级，才能使专业学生在今后的工作中更好地从事体育教育教学工作。

优化体育教育专业课程体系是基础。培养体育教育工作者的课程体系既姓"体"，又姓"教"，前者指向体育教育专业学生应该掌握该专业的知识和技能，后者指向他们应该具有教育工作者的行业属性。这一双重属性决定了体育教育专业的课程体系应该包括教育类知识和体育类知识，由此才能培养出合格的未来体育教育工作者。课程体系还应考虑理论课与技术课的比例问题，因为作为一名体育教育工作者，既要有专业的运动技术技能，又要有专业的理论素养。

调整体育教育专业课程内容是关键。课程内容合适与否关系到学生未来能否做好体育教育教学工作。课程内容的几个方面很关键：一是内容要有助于学生未来从事体育教育教学工作；二是内容要有助于学生理解如何通过体育教育教学手段和方法促进身心健康、体魄强健；三是内容要既有利于学生掌握基本的知识、技能和方法，又有利于学生了解国际最新的学校体育改革和发展动态，开阔国际视野。

改革体育教育专业教学方式是途径。要将讲解方式与课堂讨论、主题演讲、见习实习、课外阅读或练习、小型课题研究等方式有机结合起来，以提高学生的学习能力、实践能力、研究能力和创新能力。理论课教学要注重理论与实践相联系。技术课教学不但要提高学生的运动技能水平，还要向学生传授未来面向不同学段学生的授课方法。

总之，未来高校体育教育专业的建设和发展要牢牢树立"立德树人"和"健康第一"的指导思想，培养专业学生的专业素养和综合能力，引导专业学生在未来的工作中有效承担起体育教育教学的重任。

四、现代高校体育教育专业的构建

全书共包括六章内容，系统介绍了现代高校体育教育专业的构建过程，每章的内容介绍如下。

第一章为专业背景——高校体育教育专业发展概述。本章主要从当前高校体育教育专业发展的背景及其多维构建的意义和方法进行阐述，促进高校体育教育专业的现代化发展。

第二章为理念创新——思想创新引导高校体育教育专业发展。本章主要阐述了理念创新引导高校体育教育专业构建内容，包括现代体育理念、人文主义思想、技术理念、未来发展理念等，将高校体育教育发展放在了理念的高度去论述。

第三章为专业提升——教师队伍促进现代体育教育专业体系构建。提高教师专业素质是高校体育教育专业改革的重中之重。体育教育专业的发展离不开高素质的教师，只有教师的专业素质获得提升，才能推动现代高校体育教育专业朝着新的方向迈进。

第四章为能力培养——培养模式参与现代体育教育专业人才构建。学生同样是体育教育专业构建的重点。学校通过体教融合、校企结合、校校结合、审美教育等方式，促使学生在观念、实践、审美上得到全面的提升，为社会培养更多的优秀人才。

第五章为综合设置——课程优化现代体育教育专业构建内容。本章对课程优化措施进行了介绍，分析了高校体育教育专业课程设置的基本情况，提出信息技术是优化课程的重要手段。在信息技术的支持下，高校体育教育专业课程不仅具有了全新的展现方式，充满了生动性与趣味性，还促进了学生主体作用的发挥，提高了课堂效率。

第六章为基础拓展——教学环境营造现代体育教育专业构建氛围。本章主要围绕高校体育教学环境理论及体育教学硬件与软件环境展开，环境的改善有利于提升教师的教学效率和学生的学习效率。另外，高校体育教育专业要想发展成为一流专业，其硬件、软件环境也需要不断提升。

目前，虽然关于高校体育及体育教育的论著较多，但涉及高校体育教育专业构建的内容较少，本书针对构建高校体育教育专业的各重点要素展开论述，具有一定的学术价值。在写作的过程中，由于作者水平有限，书中难免存在论述不全面之处，请各位读者批评指正。

目　录

第一章　专业背景
——高校体育教育专业发展概述

第一节　高校体育教育及高校体育教育专业概述

一、体育

体育是一种有目的、有意识的社会活动，是一种社会现象，随着人类社会的产生而产生，随着人类社会的发展而发展。在人类漫长的社会活动中，体育运动也与其他活动一样，经历了一个长期的发展过程。

（一）体育的产生与发展

1.早期体育

体育是为了满足人们的客观需要而产生的。体育产生于原始社会，主要包括两类活动：一种是出于防卫目的而进行的武力技能活动，如攻击、防卫、格斗等；另一种是日常生活所必备的技能活动，如走、跳、爬、投、跑等动作。除了上述两种外，游泳、舞蹈、竞技、娱乐等也属于体育活动。由此可见，人们为了满足客观需要而习得的体育技能是多种多样的。体育已从满足最简单劳动或防卫需要的活动逐渐演变为满足人们高级审美情趣的体育运动。

早期体育活动呈现出的特点与当时的生产水平相一致，最早的体育活动是一种求生手段，处于初级的、粗糙的状态。早期的体育活动没有独立，与原始的社会生产、生活、战争、军事等联系在一起，其目的是提高生产、生活技能及军事技能。早期的体育活动多是一些生存实践类的活动，其动作不够规范。在早期社会，人们对体育的概念相当模糊，将其归为一切与生活、生产相关的活动。

2.体育的发展

（1）中国古代体育。远古时期，人们在大自然面前表现出较少的主观能动性，只是在生活条件艰苦的环境下，人们需要有强壮的身体。

目前存于我国博物馆的石球是早期人们的捕猎工具之一。

西周时期，教育方面盛行"六艺"，即礼、乐、射、御、书、数，其中射（射击）、御（驾车）为军事训练的主要科目。

春秋战国时期，人们开始注重身体活动与呼吸运动的结合，催生了"导引术""吐纳术"，进而人们通过调节两者的关系实现健身与防病的目的。

西汉时期的《导引图》描绘了下蹲、收腹、踢腿、弯腰、深呼吸等动作，是与现代体操相类似的健身运动。

东汉时期著名医学家华佗发明了"五禽戏"，他主张生命在于运动，运动有助于延年益寿。

魏晋南北朝时期，由于战争频繁，民不聊生，玄学开始盛行，一定程度上阻碍了体育的发展。

到了唐代、北宋，体育迎来了发展高峰期，球类、相扑及围棋在这一时期获得了飞速发展。

明清时期，体育进一步发展，体育活动内容逐渐增多，参加体育的人数明显增加。

（2）中国近代体育。第二次鸦片战争之后，清政府开展了"洋务运动"，西方的近代体育知识作为清朝的军事训练手段被引入，代表书目是《光绪政要》，这本书记载了体育课的内容及要求。当时北洋水师学堂组织的体育活动更加丰富，主要有击剑、刺棍、木棒、拳击、跳高、跳远、足球、游泳、滑冰、单杠等。洋务运动对中国近代体育的形成具有积极的影响作用。之后，以康有为、梁启超、谭嗣同、严复为代表的维新派提出了德、智、体全面发展的主张，为之后学校体育的发展奠定了思想基础。

中华民国时期，"五四运动"倡导政治革命运动与新文化运动，进一步推动了近代体育的发展。随着科学与民主思想影响的扩大，人们对体育越来越重视，同时推动了女子体育的发展。

（3）现代体育。现代我国体育事业不断融入国际体育发展之中，包括积极参与国际性的体育活动，如奥林匹克。现代体育是社会文明的重要表现之一，随着科学技术的进步及社会生活需要的增长，体育已经成为一种普遍现象，强身健体的活动已经渗透到人们的日常生活中。

目前，为了适应建设社会主义现代化强国和全面推进人才素质教育的需要，为了不断推动我国体育事业深化改革和蓬勃发展，我国颁布了一系列法律、法规，明确规定了我国新时期体育的目的、任务、发展方向等。

1990年，经国务院批准，《学校体育工作条例》和《学校卫生工作条例》颁布实施，这是国家制定的关于学校体育卫生的最全面的行政法规，是检查、评估我国学校体育卫生工作的根本依据。同年，国家教委颁发了《大学生体育合格标准》和《大学生体育合格标准实施办法》。这些条例和标准的执行促进了体育教学建设，有助于增强学生体质，并为终身体育打好了基础。

1992年8月5日，国家教委下发了《全国普通高等学校体育课程教学指导纲要》，同年12月又下发了《普通高等学校体育场馆设施、器材配备目录》，针对体育教学"软件"和"硬件"都作了规定，并在全国推广了一年级普修、二年级专修、三四年级选修或俱乐部式的大学体育课程形式。同时，加强了早操与课外体育活动的管理和监督，加强了对课余训练和竞赛的组织管理，使大学体育呈现出了一个崭新的面貌。

1995年，国家颁布了《中华人民共和国体育法》。第三章内容是学校体育，它对体育教学、课外体育活动和体育场地设施等都作出了明确的规定。从此，学校体育有了国家法规的保障。

1995年6月20日，国务院颁布了《全民健身计划纲要》，这是一个以全民为实施对象，以青少年儿童为重点，与实现社会主义现代化目标相配套的社会系统工程和跨世纪的发展战略规划。

1999年6月13日，第三次全国教育工作会议推出了《中共中央、国务院关于深化教育改革全面推进素质教育的决定》（以下简称《决定》），其对教育理念进行了全新的阐述。该《决定》再一次提出"学校教育要树立健康第一的指导思想"，并对学校体育提出了"掌握""养成""培养"三项具体的任务，即"使学生掌握基本的运动技能，养成坚持锻炼身体的良好习惯……培养学生的竞争意识、合作精神和坚强毅力"，为发展体育事业、提高人们健康水平、全面推进素质教育指明了方向。

（二）体育的概念

体育又被称为体育运动，指通过有规则的身体运动改造人的"自身自然"的社会实践活动。人的有规则的身体运动是体育的基本表现形式，其基本的任务是追求"自身自然"，是对人自身的积极改造。体育是随着人类社会的产生与发展而建立起来的一个专门科学。体育概念有着广义与狭义之分。

广义的体育指的是体育运动，即以身体练习为基本手段，可增强人的体质，促进人的全面发展，进而丰富社会文化生活及促进精神文明发展的一种有意识的、有组织的、积极的社会活动。体育运动是社会生活的一部分，是社会文明的组成部分，其发展受到政治、经济制度的制约，同时服务于社会政治与经济发展。

狭义的体育指的是学校体育教育，即为了提高学生身体素质、增强学生个人体质而开展的传授锻炼身体相关体育知识、技能，并引导锻炼道德意志的教育活动。

（三）体育的构成

体育主要分为学校体育、竞技体育及社会体育三类。

学校体育也称为体育教育，是学校教育的一部分，也是实施全民体育计划的前提条件。学校体育体现的是学校与体育的结合，具有综合性特征，对学校培养合格的人才有重要意义。学校体育主要通过体育课、体育实践、课余体育训练、课外体育活动等来开展，其最终的目的是"增强体质、增进健康"。由于体育教育处在学校这一特殊的场所之中，其活动的展开需要有一定的规范，故其实施内容需要遵照学校教育的总体规范，而其实施效果有相应的保障。

竞技体育也称为竞技运动，是从体育实践中衍生出来的。竞技体育体现了"竞争性"，是在人全面发展的基础上，发挥人的主观能动性，最大限度地挖掘人的身体与心理潜能，以取得优异的运动成绩为目的而开展的科学训练与竞技活动。目前，奥林匹克是全世界范围内的竞技体育代表，现代奥林匹克运动的目标是"更快、更高、更强"。

社会体育又称为大众体育，即群众性体育项目及活动，包括以健身、娱乐、休闲、医疗、康复等为目的的体育活动。其活动的形式及范围广泛，制约因素较少，参与的人数众多。大众体育是学校体育的延伸，是学校体育在社会范围内的表现，是现代体育发展的一个重要标志。

（四）体育的本质与功能

1. 体育的本质

体育是一种有目的的活动，以身体运动为基本手段，具体可促进人们的身心健康发展，最终提高人们的生活质量、生命质量。

体育的本质特点主要表现为以身体练习为手段，促使人们锻炼身体，增强体质，促进人全面发展，进而为社会发展服务。体育具有自然和社会两重属性。

2. 体育的功能

体育具有健身功能，这是体育最基本的功能，随着社会的进步以及经济的发展，体育的功能也在不断地拓展。体育功能的拓展取决于体育本身的特点及社会的客观需求。一般来说，体育的功能可以分为自然质功能、结构质功能、系统质功能三个方面，再细分可以分为健身功能、娱乐功能、促进个体社会化功能、社会情感功能、教育功能、政治功能、经济功能和军事功能八类。

首先，体育的自然质功能指体育运动对人类身体所产生的有利的功效。一般来说，体育活动可以促进人心脑血管系统的机能运作，促进人身心健康发展，改善人的呼吸系统，可以促进青少年骨骼及肌肉的发展，使人们保持青春活力。

其次，体育的结构质功能包括教育、娱乐两方面。学校体育的结构质功能主要表现为促进学生的身心健康发展，通过教导的方式提高学生的体育意识，帮助学生养成良好的习惯，最终达到身心俱佳的状态。

最后，体育的系统质功能主要指体育的政治功能、经济功能及军事功能。

政治功能指体育作为某项外交活动进入世界范围，促使国家之间产生竞争、互动，以推进各国之间的联系与发展。体育的政治功能具有客观性，主要包括以下几方面：为国争光，提高民族自尊心与自信心；为我国的外交服务；通过体育，增强国际竞争力和影响力；促进国内的全民健身的形成。

经济功能指体育经济以及由体育经济带来的相关产业的发展。体育是我国的第三大产业，其收益主要来源于体育直播、体育纪念币、体育彩票、体育赛事门票、体育广告费等。最近几年体育旅游行业迅速发展，一些地方陆续开展体育赞助，并出现了体育邮票、体育咨询站等，这些产业都进一步促进了体育经济的发展。

军事功能主要表现在体育与军事相融方面。军事体育是我国现代体育的重要组成部分，也是军事教育的主要内容。军事体育对于军事训练及发展有着重要的意义，而且其自身发展具有独特的属性与特点。

二、高校体育教育专业

高校体育教育专业是针对高校体育师范生专门设立的专业。高校体育师范生在大学期间要充分学习体育文化知识与实践内容，同时将这些知识与教育学关联起来。因为学生在未来的工作岗位中负责的是教书育人，所以高校要将现代的体育知识、理念、精神传达给学生，最终实现体育的继承与发展。

（一）高校体育教育专业培养目标

高校体育教育专业旨在培养德、智、体、美、劳全面发展的人才，促使其将来教书育人。学生不仅需要掌握体育教学训练相关基本知识与理论，还需要掌握基本的教学技能，具备良好的职业道德素养。本专业的培养目标是培养既能从事学校体育教学、体育训练、体育竞赛等工作，又能从事相关体育科研工作的优秀毕业生，为广大学校输送专业性的体育高级人才。具体来说，体育高级人才需要具备以下能力及素质。

（1）掌握马列主义、毛泽东思想，树立正确的世界观、价值观与人生观，在思想境界上能志存高远、爱国敬业，在教学上能为人师表、教书育人。

（2）具备相关的体育与健康教学知识、技能与方法，掌握体育锻炼、体育训练、体育竞赛相关的理论及方法，教学过程中具有创新精神及丰富的实践经验，具备较强的自学能力、适应能力。

（3）了解最新的教育、体育相关方针与政策，能紧跟时代潮流发展的趋势；了解高校的体育改革现状及动态，掌握体育科研的最新动态；具备一定的科研能力，并且具有从事科研工作的方法与恒心。

（4）具备运用计算机及多媒体的能力。

（5）拥有良好的习惯、健康的身体与思想，具备良好的思想品德、道德修养、健全的人格及较好的心理素质。

（6）具备一定的审美能力，具有感受美、鉴赏美的能力，具备挖掘体育形态美、精神美的能力。

（二）高校体育教育专业培养要求

1. 知识技能要求

专业基础知识：使学生掌握体育项目的基本知识及基本内容，主要包括田径、体操、武术、球类、游泳等项目，使学生熟练掌握运动人体学、体育人文学等相关课程的知识。

专业知识：使学生掌握体育相关的研究理论、体育教学理论、运动基本原理、健康教育、体育活动、教育学、心理学、教育心理学等方面的知识。

人文科学知识：引导学生根据体育专业的发展情况，掌握相关的人文学科知识，为之后的体育教学工作奠定知识基础。

自然科学知识：引导学生根据人体运动的需要，掌握基本的力学、医学、物理、人体科学等相关学科的基本知识。

经济管理相关的知识：使学生掌握体育用品市场、体育市场开发价值、体育旅游业等相关基本知识。

2. 能力要求

能力要求主要包括学生获取知识学习能力、知识运用能力以及知识创新能力。

知识学习能力指获取知识、技能的能力，这一能力包括自学能力、自我调整能力。

知识运用能力指将所学理论知识运用到具体的实践当中，而解决实际问题的能力包括社会体育实践能力及应对各种突发性事件的能力。

知识创新能力指在具体的实践过程中能根据具体的情况来创新认识的能力。

3. 素质要求

思想政治素养：在高校体育教育专业教学中，要致力于培养德、智、体、美、劳全面发展的人才，拥护中国共产党的领导，热爱祖国，坚持科学的世界观与方法论，努力培养具有社会责任心的社会主义接班人。

文化素养：要培养有高尚情操和较高文化素养的体育人才。

专业素养：要促使人才掌握相关的文化知识，便于其在未来走上教师这一岗位时能向学生传授正确的知识。具体来说，专业素养包括以下几点：掌握体育相关基本理论、知识、技能，能胜任教学、竞赛、裁判等工作；能了解最新的体育政策及发展动向；热爱体育事业，热爱体育教学事业，能在自己的岗位上发光发热；具备严谨、实干的精神。

身心素养：要促使人才拥有健康的身体和积极向上的心态，拒绝不良的生活习惯，养成良好的作息与生活习惯，拥有健全的人格与良好的心理。

第二节　高校体育教育专业改革背景解析

教育是促进人类文明得到继承与向前发展的动力，具有复杂性，主要表现为各个教育环节需要置身在教育改革发展的具体情况中，需要跟着时代发展不断改革与创新。就目前来说，课程改革是当前高校教学改革的重心，而教育的复杂性还表现在相关改革背景的多样性上，且其处在一个错综复杂的关系之中。高校体育教育专业是高等教育的重要组成部分，也是体育学专业的一种，其课程改革不仅与基础教育相关，还与学校体育联系紧密，所以改革的复杂程度又多了一层。因此，需要进一步分析高校体育教育专业改革背景。

一、高校的教育改革重心发生了转移

1978 年高考恢复之后，我国高等教育招生人数持续增长，1999 年我国实施高校扩招政策以后，高校招生人数更是急剧增加。随着高校的发展规模达到一定程度，高校改革发展的重心也由规模的扩大逐渐转变为了高等教育质量的提升，且教育质量提升成为我国高等教育发展的重点。高等教育质量的提高需要以课程质量建设为载体，因此课程也被称为培养社会主义接班人的"蓝图"。

在高等教育发展过程中，我国逐渐与世界接轨，教育改革的重心转向教学领域，特别是教学内容，也就是课程改革。"教育改革所关注的重点已由致力于增加教育财力、物力投入逐渐转到加强教育内容、教学过程对学生发展、社会发展的适应性和提高教育质量上来。"[①]

受国际高等教育的影响以及我国经济、政治、文化发展的影响，我国高等教育改革的脚步从未停止。

1977年，国务院批转了教育部制定的《关于一九七七年高等学校招生工作的意见》。文件明确规定，凡是工人、农民、上山下乡和回乡知识青年、复员军人、干部和应届毕业生，符合条件均可报考。招生办法是自愿报名，统一考试。高考恢复之后，高校学生人数激增，高校成为了很重要的人才输出基地。与此同时，中国的高等教育向世界敞开了大门，并积极派遣出国留学生。就目前的留学生情况来看，我国的留学生已经遍布世界100多个国家及地区，涌现了一批建设社会主义的优秀人才，留学生群体成为了中华民族复兴以及加强中国与世界联系的主力军。

在第五届全国人大常委会第十三次会议上，《中华人民共和国学位条例》得以通过，确定设立学士、硕士、博士级学位，并且规定了学位分级、各级学位的学术标准、学位授予单位等，这标志着我国初步建立起学位制度，开始独立培养及选拔专门人才，特别对选拔高层次专门人才起到了积极的作用。

1992年，在南方谈话时，邓小平提出了要建立社会主义市场经济体制，并且在中国共产党第十四次全国代表大会上提出了要建立社会主义市场经济体制的目标，将对人才的需求摆在了一个迫切的位置上，所以高校扩招是民心所向。下图1-1为2010—2019年中国高考录取人数示意图，其中2019年的高考录取人数为820万。

---

① 田慧生.课程观的更新与转变[N].中国教育报，1999-1-26(2).

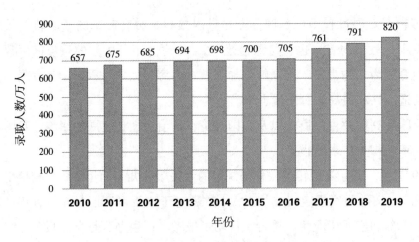

图 1-1　2010—2019 年中国高考录取人数

伴随着扩招，高校传统的发展模式已经不能适应现代高等教育的发展需求，过去条块分割及部门办学的旧体制已完全跟不上现代高校教育的发展，高校迎来了"共建、调整、合作、合并"的管理体制改革，高等教育走向了"三级办学、两级管理、以省为主"的发展路径，教育质量和办学效率也有了较大幅度的提升。

1992 年，国家提出了面向 21 世纪重点建设 100 所高等院校的规划，带动了整个高等教育向前跃进。1998 年，国家提出在国内创建世界一流大学及高水平的大学，推动我国高等教育朝着世界一流水平迈进。迈向 21 世纪，高校面临着诸多复杂的问题，其中质量问题凸显，主要表现为经费不足、教学资源不足等，受到国家、社会各界的广泛关注。国家先后在 2000 年、2007 年印发了《关于实施"新世纪高等教育教学改革工程"的通知》《教育部财政部关于实施高等学校本科教学质量与教学改革工程的意见》，在 2011 年启动了"本科教学工程"。通过制定人才培养的标准、推进专业综合改革、推进优质资源建设共享、强化实践教学、提高教师教学能力等系列提质工程，我国高等教育实现了大众化的教育转型，改变了原有的精英教育模式，实现了外延式发展模式向内涵式发展模式的转变，并继续朝着现代教育发展模式转型，教育质量有了质的提升。

"人民期盼更好的教育"突出了教育要朝着更高质量、更加公平的方向发展，满足人民对教育的美好期待。2014 年，《关于深化考试招生制度改革的实施意见》的发布为高等教育改革吹响了号角，采用分类考试、综合评价、多元录取的方式构建现代模式的高等教育，提倡终身教育原则。

高考改革在各省先后掀起了热潮，具体在上海、浙江率先进行，随后在多个城市启动，目前已经基本形成了学生选考、高校选科、国家选才的现代教育培养模式。2015 年，国务院发布了《统筹推进世界一流大学和一流学科建设总体方案》。2017 年，《统筹推进世界一流大学和一流学科建设实施办法（暂行）》发布。这些文件的发布标志着我国开始从高等教育大国向高等教育强国跨越，展示出了国家构建的、先进的、与世界高等教育接轨的高等教育发展模式。

教育的根本问题是培养什么样的人才以及如何培养人才，我国的高等教育致力于培养社会主义建设者及接班人。自 2016 年全国高校思想政治工作会议召开之后，高校的思想政治工作效果显著，当前高校师生的思想状况呈现出积极向上的状态，对党及国家衷心拥护，对"四个全面"战略布局高度认同，对中国特色社会主义道路自信、理论自信、制度自信和文化自信更加坚定，对实现中华民族伟大复兴的中国梦充满信心。

2018 年，教育部印发了《关于加快建设高水平本科教育　全面提高人才培养能力的意见》，这个文件被称为"新时代高教 40 条"。该文件确立了未来 5 年的建设目标，致力于实现高水平的本科教育，并提出了 2035 年的高等教育目标，推出了"六卓越一拔尖"计划 2.0 等重大项目。目前，我国还对基础研究领域进行了改革，包括出台《高等学校基础研究珠峰计划》，加强脑科学、量子信息等前沿性的学科建设，专注于构建大团队、大平台、大科学计划，推动高等教育的基础研究建设。

高等教育在社会主义市场经济发展条件下承担着相当重要的职能，主要包括人才培养、科学研究、社会服务、文化传承创新。人才培养是高校办学的基础，也是检验教学成果的一项重要指标。目前，广大高校为社会主义现代化建设提供了专业的人才。高校的学术影响力及学术声誉主要由高校的科研水平决定，科研水平的高低同样影响着我国经济的发展。近几年，我国在高等教育及科研上的投入逐年增加，促使我国科研事业得以进一步发展。在"一带一路"倡议下，部分高校也贡献出了自己的力量。一直以来，高等院校通过承担国家项目、校企合作、科技转化、人才输送等手段建设社会主义现代化，改变了社会生活的方方面面，推动着我国各领域的快速发展，充分展现了"科技是第一生产力"的优势。对于体育学科，目前改革的重点仍然在课程领域，这是对国内外高等教育规律的把握及高等教育发展规律的体现。

二、教师职业专业化转变

教师专业化指教师在整个职业生涯过程中，通过专门训练和终身学习，逐渐习得教育专业知识与技能，并且在教育专业实践中不断地提高自身素质，以在教育专业方面得以成长。要确保教师的专业性，同时原来的师范教育需要向教师教育转变。教师教育一词最早出现在《国务院关于基础教育改革与发展的决定》，该决定提出要完善以现有师范院校为主体、其他高等学校共同参与、培养培训相衔接的开放的教师教育体系。教师教育体系的内涵较为丰富，在内容上涵盖文科、理科的一般性教育，还有所教学科领域的专门教育、教育专业教育、教学实践；在顺序上表现为职前培养、入门适应、在职培训；从形式上看，分为正规的职前教师教育和非正规的校本教师教育；从层次上看，分为中专教育、专科教育、本科教育、研究生教育。目前，国外使用的概念是教师教育，教师教育先从空间上拓展了教师培养的范围，接着促使教师培养渠道及形式得以拓展，打破了原有的单向的空间，同时教育空间也由以大学为本转向发展中小学之间的合作。从时间上看，教师只培养、不培训的观念得以改变，因而可以在培训过程中获得更多的专业知识与技能。从内涵上进行比较，教师教育的目标转向了培养"作为专家的教师"，促进了教师专业化。从教学过程看，教育从以行为科学为基础逐渐转向以认知科学及质量研究为基础；从教学模式上看，教育由原来的传递—训练模式变为了反思—实践模式。

体育教育应该构建体育教师专业化理论体系。体育教师教育的专业化发展符合当今世界的大潮流，为深化学校体育改革及提高高校体育教学质量奠定了基础。

三、教师教育改革的专业化发展

高等师范教育是高等教育的重要组成部分，除了实施教育教学改革之外，还应该将课程改革当作支点，以与高等教育相吻合。在课程改革上，高校体育师范专业应该将教师教育的专业化及师范教育的一体化结合起来，进一步扩大师范教育改革对体育教育专业的影响。

在教师教育改革专业化发展过程中，可以进行以下几个方面的改革。

（1）积极提倡师范教育专业化、教学工作专业化、教师职业专业化理念，这些理念的实施是为了提高师范教育的地位、教师的地位以及教学质量。我国师范教育改革参照了发达国家的基础教育思想及实践体系，积极构建相关的理念。师范教育专业化理念主张将教师当作专门性、专业性的职业看待，将教学当作专业性的工作看待，进一步要求师范教育既具有专业学科上的学术性，又具有教育学科上的学术性。高等师范教育所培养的人才不仅具有一定的学科专业水平，还具有一定的教育专业水平，这是师范教育专业化改革的双专业水准。

师范教育专业化理念要求加强教学学科体系的构建与完善，要求在更大范围内进行专业整合，并体现师范教育的专业性与科学性。师范教育既包含学术性，又包含师范性。学术性与师范性这两大特性并不矛盾，师范性代表着高等师范教育的培养目标，学术性代表着提高教师职业化水平的学术目标。在课程改革上，师范教育专业化理念要求高等师范教育课程体系的构建不以学科专业为本位，而让各学科在体系结构上均衡发展，同时促进专业学科、教育学科、通识学科相结合。师范教育专业化着重加强学科教育学的建设，推动专业学科与教育学科之间的有机渗透与相互融合。

师范教育要不断改革，以提高专业化程度，这是全球范围内师范教育发展的必然趋势，更是我国师范教育未来发展的必然之路。在我国，高校教育专业化改革不仅可以提高教师的地位，还可对教学质量的提升起到关键性的作用。教师是一种专业性职业，教师需要具有较高的专业化水平。目前，虽然我国对教师的学历有了基本要求，确定了教师资格证书制度，但从总体上看我国的师范教育专业化发展仍然处于一个较低的水平。从根本上说，教师教育专业化程度与教师教育改革程度直接相关。

（2）要促进高等师范教育课程改革需要坚持师范教育一体化思想。根据终身教育思想，师范类专业学生经过本科教育或研究生教育步入工作岗位后，仍应紧跟时代发展，继续接受各种教育、培训，进一步提高相应的教学能力。一般来说，教师教育分为职前、职后两个阶段。教师教育职前阶段是教师从事教育行业的基础性阶段，所以教师在该阶段还不具备解决所有实践问题的能力，需要在职后阶段继续提升教育能力。教师教育职后阶段是一个漫长的过程，包括适应期（发现期）、稳定期、实验期（重新评价期）、平静和保守期、退出教职五个阶段。[①] 师范院校既要在制度、课程等方面支持教师教育，还需要重视不同阶段的特殊性。终身教育思想对本科师范教育阶段课程改革的意义在于，打破了原来一次性的本科教育理念，指出本科师范教育对教师专业成长的作用并非是无限的，因此对教师专业成长的考察需要在一个动态的环境下进行。

四、高校体育改革发展概述

改革开放之后，高校体育理论与实践水平都有了较大的提高，体育教育逐渐向以素质教育为主导的方向发展，同时学校的体育思想与实践也随之发生了变化，这些变化又进一步促进了高校体育教育专业课程的转变。

20 世纪 80 年代，高校体育主要以增强学生体质为指导思想，以传授运动技术和技能为主要目的。1990 年，随着《学校体育工作条例》的颁布，学校体育工作的基本任务调整为增进学生身心健康、增强学生体质，身心健康与体质也成为未来体育教育的一大主题。随着改革开放的不断深入，一些先进的体育思想相继产生，如"快乐体育""终身体育""成功体育"等，使人们对体育的认识更加清晰。

高校体育教学应以体育知识和技能教学为主，并在教学过程中加入卫生保健、体育健身基本原理等知识。1996 年，国家教育委员会根据课程理论研究的相关进展，发布了《"体育两类课程整体教学改革"的方案》，将体育课程分为学科类课程与活动类课程，并分别对这两大课程的目标及要求作了相关的规定。体育教学内容中融入了更多因素，具有健身性与文化性，并将一些竞技运动项目"教材化"了。高校在进行体育改革的过程中，要坚持世界性与民族性

---

① 陈永明. 现代教师论 [M]. 上海：上海教育出版社，1999:186.

相统一的原则，不断向体育教育注入鲜活元素，同时吸收传统体育内容，增强其文化性；要坚持统一性与灵活性相结合的原则，统一性表现为思想的统一及教学内容需要在统一的任务及要求下开展。此外，教学内容还应具有灵活性和多样性，即教学内容应由原来单一的内容转变为多样化的内容，以培养学生的体育意识与体育兴趣，同时应采用多种多样的展现形式，注重校内模式与校外模式的结合，实现体育教学的多样化。在训练方面，高校要重视课余时间的体育锻炼，实现小学、中学、大学"一条龙"的制度建设。目前，我国高校已经培养了大量优秀的体育后备人才，进一步促进了高校体育教育改革。

总的来说，随着体育教育改革的深化以及素质教育的全面推进，高校体育的发展呈现出以下几个特点。

首先，在指导思想上，将社会需求与学生爱好结合在一起，侧重学生个性的发展，在实施教育改革的过程中注重体育教育的科学化与社会化发展，重视培养体育教师的体育意识、体育习惯、体育兴趣以及体育能力。同时，将体育与保健、体育与课外教学结合起来，实现体育教育的创新改革。

其次，在高校体育内容上，要注重健身内容与竞技内容相结合，将竞技内容"教材化"，将体育常识普及化。另外，一些地方性、民族性的体育内容也应进一步推广开来。

再次，在组织形式上，学生体育俱乐部、学生社团等受到了更多的重视，同时校内外体育组织之间的关系日益密切。

最后，在课余训练及竞赛方面，随着高校体育的发展及运动训练体制的进一步完善，高校学生的运动能力获得了提升，呈现出多样化、多层次的特点。

高校体育教育教学改革重心的转移，促进了高校对专业课程的建设与改革，并推进了教师综合能力的提高。

五、体育教育专业发展过程中的相关论争

我国体育教育在改革开放之后发展迅速，为各类学校输送了大批优秀的体育教师，为培养全能型学生奠定了基础。当然，体育教育的发展也不是一帆风顺的，存在着多方面的矛盾。体育教育发展过程中存在的论争主要表现在以下几个方面。

（一）体育教育的目的是培养专才还是通才

专才教育主要强调培养人才的专业性，注重对人才专业知识、专业能力及专业素养的培养；通才教育则着重培养人才的基础性、通识性以及适应性。这两大教育观点一直是教育改革争论的热点。有人认为，体育教育应该培养各方面同时发展的全面性人才，也就是通才，应该重视体育师范生的全面发展。有人则认为，大学阶段属于深造阶段，大学生在所学专业上应较普通人更精通，因此体育教育应该定位为专才教育，需要重视体育师范生专业能力的培养。

（二）体育教育的价值取向是理论为主还是实践为主

体育教育被分为实践型与理论型两大类型。实践型体育教育注重对实践的考察，强调学生对技能的掌握。理论型体育教育注重从理论入手，构建体育教育的理论体系，引导学生从理论方面认识体育的相关知识及锻炼要点。

（三）体育教育的专业口径是宽还是窄

目前，我国体育教育的专业口径逐年拓宽，主要表现在体育师范生毕业之后的社会适应性很强。需要指出的是，拥有多项技能却无一项专精技能的人才，将无法满足当前社会对专业性人才的需求。

（四）课程方案是指令性的还是指导性的

关于体育教育专业教学课程方案是指令性还是指导性的论争一直不断。一般来说，指令性的专业课程方案能提供一个具体的目标，避免课程设置的随意性和人才培养的模糊性。有人认为，各高校的体育教育专业发展水平不同，需要结合具体情况制定相应的课程方案，这一方案一定是指导性的，高校具有决定课程方案的权利，以保证课程方案符合学校发展的现状。

（五）课程的结构是刚性的还是弹性的

有人认为，高校体育教育专业的师范生与其他专业的师范生相比，在文化知识上存在着较大欠缺，需要进行一些必修课程的学习以夯实基础，因此课程应该采用以必修课为主的刚性结构。也有人认为，体育教育专业的课程需要保持一定的弹性，可根据体育师范生自身的特点，增加选修课的比例，以发挥体育师范生的主观能动性，因此课程应该采用以选修课为主的弹性结构。

（六）运动技能需要达到高水平还是一般水平

一般人认为体育教育专业的师范生应该至少在一项体育项目上具有明显的优势，这是其将来担任体育教师的一项最基本的条件。另一种观点认为，体育教育专业师范生运动技能的高低并不能决定其在之后工作中的教学水平，因此没必要培养专项的运动技能，只需要掌握教学知识与技能即可，过分强调运动技能容易忽视教学相关工作。

（七）课程内容应侧重技能训练还是教学示范

体育教育专业的课程内容应侧重技术、技能训练还是应侧重教学示范内容一直是高校体育教育专业改革的一个难点。一种观点认为，体育教育应该着眼于技能、技术训练，学生只有掌握了多项体育技能，才能胜任将来的体育教学工作。高校目前的教学条件、师资力量有了很大的提高，设备也较为齐全，这为高校体育教育专业技能的培养奠定了基础。另一种观点认为，体育教育应该注重教学性内容的传授，并将教学重点放在教学示范这一环节。

（八）体育教师教育重心的前倾与后移

传统体育教育的重心在职前教育上，致力于培养具有较高素质的体育师范生。然而，随着时代的发展，许多学者都倡导教师教育重心的后移，因为教师的成长是一个漫长的过程，教师要树立终身学习的理念，在职业发展过程中不断提高素质。

第三节　高校体育教育专业多维构建的意义及方法

高校体育教育专业构建是高校开展教学工作与人才培养的基础。专业构建的水平直接关系到高校的整体办学水平及在社会上的声誉，也关系到毕业生未来的择业与就业。高校体育教育专业构建水平高的学校经过不断的实践与积累，可形成自己的专业特色，为提高办学质量奠定基础。在体育教育发展大背景下，体育教育专业构建是一项较大的工程。专业构建需要借助改革的力量，以保证体育教育顺应时代的发展，与世界教育接轨。

一、高校体育专业建设

体育专业管理由教育部、高等院校、体育学院（系）负责，其中教育部统管各大高校的体育专业建设，属于宏观管理范畴。高等院校一般负责相关的体育管理工作，并由学校的教务处统一管理。体育学院（系）主要负责专业建设的具体管理工作。高校体育具体专业建设内容主要有专业设置、目标定位、课程方案、师资队伍、教材建设与选用、物质保障与经费保障等方面。

（一）专业设置

体育专业建设的第一步是体育专业设置，即合理设置专业，为之后的体育管理奠定良好的基础。体育专业设置需要从三个维度综合考虑。

首先，需要结合社会发展的客观需求。体育专业最终培养的人才应是社会发展需要的人才，其专业设置应具有明确的目的性，为社会源源不断地提供所需要的体育专业人才。

其次，专业设置需要符合所在学校的具体情况。体育专业的设置需要考虑学校的实际情况与未来发展方向，使学校在结合实际的情况下培养出更多的优秀体育人才。

最后，需要结合体育学院（系）的专业条件。一般需要结合体育相关专业的师资情况、教学设备、教材、专业发展经费、实验室、实习地方情况设置体育专业。

（二）目标定位

高校体育专业的目标指体育专业要培养什么样的人，具体可根据人才需要掌握的理论及技能、将来从事的职业等设定目标。专业目标的确定具有积极意义，它的确定可为专业建设及发展指明方向，也可以进一步指导专业管理及专业发展。专业目标的设置应该从实际出发，结合社会的需要、时代的特征。专业目标确定之后，需要采用目标管理法来管理体育专业的相关工作。体育专业的目标管理分为三大步骤：第一，拆解专业目标，将其分为课程方案、教材建设、师资队伍建设、学生能力等各个环节的任务；第二，将目标分为若干目标，各目标由专职人员负责实施；第三，检查每个成员的任务完成情况，通过任务检查、任务评估、任务控制，最终实现整体的目标。

（三）课程方案

课程方案是专业目标的细化方案之一，也是体育专业构建的核心。课程方案制定的优劣直接关系到体育教学工作进展的顺利与否，因此课程方案的设置应该做到结构合理、与时俱进、注重理论与实践的结合、力求创新。结构合理指课程根据大学生的身心特征设置，既有相关的理论课程，又有相关的实践课程，既有通识课程，又有专业课程，其目的是培养全面发展的体育人才。与时俱进主要指关注体育学科的最新动态，将一些新的技术及理念引入专业建设中，实现课程的创新。理论与实践的结合强调学生不仅要掌握理论方面的知识，还要提升综合能力，达到理论指导具体体育实践，实践反过来加强其对理论的认识，实现"两条腿"走路的目的。创新指所设置的课程具有创新理念和知识，如专业前沿、跨专业教育、前沿学术等。

（四）师资队伍

教师与学生是高校体育专业构建的主要组成部分，要实现高校体育专业建设，教师队伍建设是不能忽略的一个重要部分，而教师队伍建设需要满足数量充足、结构合理两大要求。数量充足指要有一支稳定的师资队伍及相关的学术带头人进行学科研究及日常教学，整个队伍的教师需要承担七成以上的专业课程教学。结构合理指教师的年龄、资格、职称、学历等方面合理。教师在年龄分布上需要做到老、中、青结合，中年教师的数量居多。教师需要具备教师资格证、普通话证书、专业技能证书，体育专业的教师还应该具备相关运动项目的运动员等级证书、裁判员证书、教练员证书等。在职称结构上，高级职称教师应该占专职教师的三成以上，能结合培养目标较好地完成培养学生的工作，且教授、副教授应该承担一定数量的本科教学任务。在学历结构上，具备硕士、博士以上学历的教师应该占到教师总数的三成以上。

（五）教材建设与选用

在教材选购上，应该使用水平较高、效果较好的专业教材。建立相应的教材选用、建设、评估制度，选用教材的时候尽量采用教育部高等学校教学指导委员会审定的教材，尽量选用省级获奖的教材，还要尽量选用近三年出版的教材。教材建设制度主要指要进行严格规范，鼓励教师编写有地方特色的教材或者校本教材，提高教材的针对性。

（六）物质保障与经费保障

要保障基础设施和场地充足，包括教室、实验室、仪器设备、图书馆、场地器材、实习地等。在管理上，制定教室、实验室、仪器设备、图书馆、场地器材、实习地等相关的使用说明，其目的是做到覆盖最大化、开放时间长、管理先进、服务质量优良。

经费保障主要指高校的业务费、差旅费、体育维持费、教育仪器费等费用的支出比例超过 25%，只有这样的比例才能更好地满足人才的培养。经费的支出需要满足教学活动、科研活动、实验支出、实习、图书馆建设及场地器材采买的需要，经费的使用需要符合高校相关的财务标准，同时应建立专业经费预算制度，根据预算控制各方面的支出。

二、一流大学、一流学科、一流本科专业建设

2015 年，国务院颁布了《统筹推进世界一流大学和一流学科建设总体方案》（以下简称《方案》），《方案》指出：到 2020 年，我国若干所大学和一批学科进入世界一流行列，若干学科进入世界一流学科前列；到 2030 年，更多的大学和学科进入世界一流行列，若干所大学进入世界一流大学前列，一批学科进入世界一流学科前列，高等教育整体实力显著提升；到 21 世纪中叶，一流大学和一流学科的数量和实力进入世界前列，基本建成高等教育强国。

教育部在 2019 年发布了《关于实施一流本科专业建设"双万计划"的通知》，决定全面实施"六卓越一拔尖"计划 2.0，启动一流本科专业建设"双万计划"。2019—2021 年，建设 10 000 个左右国家级一流本科专业点和 10 000 个左右省级一流本科专业点。

其中，建设一流本科专业需要满足以下条件。

（1）专业定位明确。服务面向清晰，适应国家和区域经济社会发展需要，符合学校发展定位和办学方向。

（2）专业管理规范。切实落实本科专业国家标准要求，人才培养方案科学合理，教育教学管理规范有序。近三年未出现重大安全责任事故。

（3）改革成效突出。持续深化教育教学改革，教育理念先进，教学内容更新及时，方法手段不断创新，以新理念、新形态、新方法引领带动新工科、新医科、新农科、新文科建设。

（4）师资力量雄厚。不断加强师资队伍和基层教学组织建设，教育教学研究活动广泛开展，专业教学团队结构合理、整体素质水平高。

（5）培养质量一流。坚持以学生为中心，促进学生全面发展，有效激发学生的学习兴趣和潜能，增强学生的创新精神、实践能力和社会责任感，毕业生行业认可度高、社会整体评价好。

近年来，国家对高校的办学水平、师资队伍、创新人才、科研水平、创新优秀文化、成果转化等方面提出了新的要求，为我国高校的发展、学科的发展、专业的构建指明了方向。

对于一流专业来说，专业是高校开展人才培养活动的依托，是进行科研的前提，是进行社会服务与文化传承的重要载体，专业的实力彰显着高校的综合实力。近年来，在高校的努力下，高校专业布局结构不断优化，学科优势与特色不断凸显，创新成果加速转化，为社会培养了大批优秀的人才。

体育专业是高等学校教育的一部分，体育的存在是为了对学生进行体质与心理健康方面的教育，使学生具备强健的体魄以进行其他方面的学习与工作。对于学生及社会来说，高校体育教学具有重大的意义，也是我国社会主义建设发展道路上不可缺少的一部分。高校体育教育专业构建得好，才能向社会输送一大批素质过硬的体育人才，为我国的体育教育事业提供源源不断的力量。

三、高校体育教育专业构建及靠拢一流专业的必要性

一流专业是高标准、高质量专业打造而成。高校构建一流体育专业，有助

于专业的快速提升，促进专业内部各要素的整合发展，为持续向社会输送一流人才提供基本保障。

（一）是培养一流体育人才的基础

一流的体育专业与一流的体育人才是密不可分的，一流专业构建的最终目的是培养一流的人才。对于高校体育教育专业来说，其终极目的就是要培养出符合时代发展的体育人才，而一流的体育专业恰恰契合了人才培养的目的，且以培养出一流的人才为最终目的。总的来讲，一流的体育教育专业需要把握以下三点人才培养策略。

知识教育：重在量的积累，此是开展专业建设的基础。知识教育是培养人才的基本路径，要促使人才面向未来的社会，拥有专业、扎实的知识储备。

能力培养：重在创新能力的培养，主要表现为培养解决与处理复杂问题的能力。体育教育专业多数毕业生将就业于各大中小学，而解决实际教学问题的能力是体育教育专业毕业生应该掌握的基本能力，而且中小学体育处在不断改革的过程中，毕业生需要进一步适应不断变化的教学环境，养成良好的适应能力，与时俱进。

人才养成：重在责任，培养满足国家战略发展需要的人才。

要衡量一流专业的课程建设与实施效果，主要看培养目标、基本理念、课程设置、师资队伍、专业能力的培养及支撑条件。

（二）是高校体育教育专业具有国际视野的前提

世界一流大学与世界一流学科建设应立足本国教育基础，促使本校学科建设与国际接轨，推进学生创新意识的养成。

我国高校中一流体育专业的占比很小，需要不断向一流专业的构建方向发展，从不同的专业要素切入，包括理念的创新、专业的提升、能力的培养、课程的优化、环境的营造等，从而促进高校体育教育专业的全面提升。

四、与体育教育专业多维构建相关的要素

体育专业构建的影响因素是多方面的。其中，体院教育专业是体育专业构建的重要组成部分。在构建"一流大学""一流学科"及"一流专业"的大背

景下，国家对体育专业建设提出了新的要求，即需要用现代化的理念、技术及手段来完善体育教育专业的建设，促进体育教育专业与时俱进，提高竞争力，为社会培养大批人才，从而扩大体育的影响力，为构建体育强国提供强大的后盾。本书选取了目前体育研究中的几个热点因素进行探讨。

（一）现代教育理念

现代教育指："适合现代生产体系、现代经济体系、现代文化体系、现代科学技术、现代社会生活方式的教育概念、形态和特征。"[①] 有的人从内部因素来定义，将其定义为："教育者以大生产性和社会性相统一的内容，把受教育者社会化为能适应现代生产力和生产关系相统一的现代社会的人的活动。"[②]

现代教育理念包括终身教育理念、合作教育理念、创新教育理念、多元智力理论、范例教育理念等。

1.终身教育理念

终身教育理念指人学习的终身性，即人的一生都在学习，而社会需要则成为了终身学习的动因。当前社会为终身学习提供了各种各样的条件与环境支持，同时终身教育对人才的发展及社会的建设起着重要的作用，为终身学习提供了前提与基础。

社会的快节奏发展与知识更新换代的高速度使人们的知识更新速度越来越快，所以人们需要不断更新自我的知识结构。在这样的条件下，人们需要有相应的终身学习理念。可见，终身学习是社会发展到特定阶段的产物。终身教育理念的形成是多方面因素共同作用的结果，包括外部社会和内部教育主观方面的因素。

（1）外部社会原因。首先，科技的发展促进了终身教育的产生。20世纪以来，社会飞速发展，在科技革命的带动下，科技创新的潮流在世界范围内掀起，普通人的生活随之发生了翻天覆地的变化，人类传承了几千年的传统与习惯在短时间内也发生了变化。科技的发展也促进了知识的进一步发展，主要表

---

① 许肇超，刘宝林，邱志坚．现代教育理念与教学管理研究[M]．长春：吉林出版集团股份有限公司，2017:1．

② 同上．

现在知识的更新速度上。这些对人类思想方面的影响是重大的，人们只有不断地适应新的变化，接受新的观念与知识，才能跟上时代发展的步伐。

其次，有限的社会资源与庞大的受教育人群之间产生了尖锐的矛盾，且竞争力与压力问题日益凸显，而终身教育可以缓解这一问题。要想保持持久的竞争力就需要不断地学习，不断地提高自我能力，进而增强社会竞争力。

最后，信息化的发展推动了终身教育的产生。随着信息时代，尤其是大数据时代的到来，信息量不断增大，呈现出爆炸式的增长趋势，同时信息更新的速度越来越快。这就决定了人们不可能掌握所有的信息，但一定要培养寻找有用信息的能力，而这一能力也会随着时代的发展而不断变化，这就促进了终身教育的发展。

（2）内部教育主观方面的因素。随着时代的发展，原来的教育理念已经不能满足今天的社会发展需要，从而促进了终身教育的发展。传统教育强调阶段性与终极性，属于片段式教育，但现代社会的发展已经不允许人们仍然停留在一个静止的状态去刻板地处理教学问题。终身教育的理念是建立在学会认知、学会做事、学会共同生活、学会生存基础之上的，其实施并非在一个特定的时间段，而是贯穿于人一生的各个阶段。另外，要保障终身教育的实施，还需要各级教育部门之间形成紧密的联系。

2. 合作教育理念

合作更强调师生之间、同事之间、人类与社会大环境之间的关系。合作教育理念主要运用到新型的师生关系构建上，以弥补教育理论上的不足。

在师生关系的构建上，需要摒弃传统的师生关系，建立一种平等的师生人际关系，表现在教学上就是以学生为主体、以教师为主导。在合作理念背景下，学生能够主动学习，教师在整个教学过程中可起到积极引导的作用，同时在教学过程中需要充分尊重学生的主体地位，创造一个民主、平等的课堂氛围，引导学生完成学习任务。

3. 创新教育理念

创新教育理念提倡培养创新型人才。创新理念是在当代社会发展的大背景之下产生的，当今世界范围内，包括教育领域，都在强调创新教育，因为创新型人才是社会发展所必需的。创新理念反映在教育上表现为促进学生全面发展，积极挖掘学生的个性，通过引导学生展现独特性来培养创新型人才。

4. 多元智力理论

多元智力理论的发展打破了人们对智力的认识，即以前智力被看作以语言能力和数理—逻辑能力为核心的整合能力。多元智力理论认为人的智力是多元的，会受不同因素的影响。

目前，多元智力理论的影响主要表现在三个方面。首先是对学生观的影响，多元智力理论提倡发挥学生的主体性作用，倡导学生积极学习，并且得出每个学生都有多种智力，而智力组合以及发挥程度的不同导致了学生在智力上的差异。其次在教学观上，多元智力理论提倡因材施教，即根据学生的个体特点采取针对性的教学策略，提倡个性化的教学策略，促进学生全面发展。最后在评价观上，对于教育的最终效果需要进行专业评价，而多元智力理论提倡多元评价模式，改变了传统的评价模式，符合现代社会的发展趋势。

5. 范例教育理念

范例教育指借助示范性的材料，在使学生掌握规律性知识与技能的过程中所形成的教育与教学理论。范例教育的代表人物是德国的克拉夫基和瓦根舍因。范例教育具有两大特征：一是教育本质的整体性。要实现形式教育与实质教育的统一，将两大理论辩证地统一起来；二是教育过程的双重开发性。双重开发指主观与客观相统一的过程，即通过自身经验以及主动吸取的其他经验来实现主观学习与客观学习相统一的过程。范例教育的代表性观点如表 1-1 所示。

表 1-1　范例教育的代表性观点

代表观点	具体分类
三大教学原则	基础性原则 基本性原则 范例性原则
三个统一	解决问题学习与系统学习的统一 掌握知识与发展智力的统一 主观与客观的统一

代表观点	具体分类
四个阶段	示范性阐明"个"的阶段 示范性阐明"类"的阶段 示范性掌握规律与范畴的阶段 示范性获得世界经验与生活经验阶段
两大能力	培养学生思维、创造能力、学习自主性 培养学生独立学习的能力

（二）教师及教师专业化

1. 高校体育教育专业教师

高校是培养未来中学、小学体育教师的基地，未来体育教师的素质直接与其在大学期间所受的教育有关，更具体地讲，与其大学学习实践有关，也就是说，体育师范生的素质直接与体育教育专业教师的素质及指导有关。这就要求体育教育专业教师除了具备相应的学科知识，还需要具备较强的实践能力，能指导学生在实践中获得较好的能力，为他们未来从事教育工作打下良好的基础。

就目前高校的发展现状来看，体育教育专业教师需要具备两方面的能力。

（1）一般能力。高校体育教育专业教师需要具备的一般能力包括教学能力、教育能力、科研能力、创新能力。

高校体育教育专业教师需要具备教学能力。教师的教学能力是所有能力的综合化体现，教师教学能力的高低直接决定了教学质量的高低。教师教学能力的获得并不是一蹴而就的，离不开他们不断的教学实践锻炼。高校体育教育专业教师同其他的体育教师一样，需要具备基本的教学能力，如合理设计教学内容、选择适合的教法、精炼讲解专业知识、精准示范动作、准确进行语言表达、正确讲解场地与器材的使用方法、组织及管理课外活动等。

高校体育教育专业教师需要具备教育能力。教育能力是衡量教师教学工作的关键要素，影响着教师教学工作的质量与效率。体育教育专业教师应该通过讲解教学内容，引导学生养成良好的个性品质，适应社会发展的节奏，并随着时代的变迁调整心态，跟上时代发展的脚步。21世纪的体育教育类大学生不仅需要掌握必要的体育专业知识、技术、技能和科学锻炼的方法，还要完成将这些知识、技术、技能教授给下一代的使命，更重要的是要有完善的人格。高校体育教育专业教师应该认识到以单纯传授知识为主的教学方式已远不能适应体育教学改革的新需要，必须具有较高的教育能力，在教学内容的安排、师生关系的处理、课堂氛围的营造等多方面表现出较高的教育能力，才能真正发挥体育教育既"育体"又"育心"的功能。

高校体育教育专业教师需要具备科研能力。科研能力是高校体育教育专业教师应该具备的能力，这一能力可以有效解决高校体育教育专业发展过程中遇到的理论及实践方面的问题。作为体育科学的研究者，高校体育教育专业教师的科研能力需要明显优于中小学体育教师。由于现代社会知识更新换代的速度越来越快，高校体育教育专业教师需要在新的教育思想指导下制定新的适合体育发展的科学模式，研究新的体育理论、新的教学方法，把教学和科研结合起来，对自己的认识和经验进行总结探索，发现新的教学规律、教学方法和教学模式。

高校体育教育专业教师需要具备创新能力。高校体育教育专业教师应打破传统的教学模式，改变以往陈旧观念，放弃对多年教学方法、教学经验的简单重复，使体育专业课从简单重复的教学模式中走出来，密切联系中小学实际情况创新教学方法、教学模式，让体育教育专业学生在接受知识、技术的同时学习到教师的创新精神，进一步带动学生的主动性和创造性。

（2）特殊能力。特殊能力指结合现代体育教学、体育课程改革的发展，区别于一般的体育教师能力，包括指导能力、分析能力、评价能力。

第一，指导能力。体育教育专业教师的指导能力应体现在对以下工作的具体指导上：在学生的见习中要指导学生如何做好听课记录；在学生的实习中要指导学生怎样开展教学工作，指导学生如何写实习报告，力求反映学生最真实的实习过程和收获；要从学生的选题、开题、内容等多方面指导学生的毕业论文。做好这些工作的前提是体育教育专业教师自己先具备这些能力。

第二，分析能力。在教学中要不断了解中小学的教学实际情况并教会学生通过见习分析课程的优缺点及教师的教学意图；引导学生学会分析教师使用某一教学组织形式及教学方法的目的；指导学生在教学中发现值得关注的问题和现象，分析教学问题和现象产生的原因及解决的方法，并使之上升为理论。

第三，评价能力。体育教育专业学生在学习专业知识的过程中需要参与许多实践，如说课、试讲、课堂见习等，而体育教育专业教师则要就学生在实践环节中的表现给予客观、公正的评价。学生只有通过教师的评价才能认识到自身在实践环节中的优缺点，才能切实提高自己的实践能力。

2.教师专业化

教师专业化指教师在整个职业生涯中，通过专门训练和终身学习，逐步习得教育专业知识与技能，并在教育专业实践中不断提高自身的从教素质，从而成为专业教育工作者的专业成长过程。这一定义有两层含义，其一是教师职前教育，即从一个新手逐渐成为一个具备专业知识与专业素养的教师的过程；其二是教师职后教育，即教师职业整体从非专业职业、准专业职业向专业性质职业进步的过程。

美国学者科温与中国香港学者曾荣光对专业进行了深入的研究，他们认为一门职业要想做到专业化，应该具备以下基本特征。

（1）为社会提供专业服务。

（2）具有专门知识和技能。

（3）具有专业自治或自主权。

（4）有专业守则。

（5）有专业团体。

（6）获得社会高度信任和满意。

（7）有较高的社会地位和经济地位。

（8）接受过长时间的专业训练，包括在职培训。

（9）能从事研究活动。

那么，教师专业化应该只包括两方面的意义：首先，教师只有具备以上专业特质，才能被称为专业化；其次，教师职业还要成为社会大众认可的独特的职业，这要求教师在具备基本专业特性的同时，有自己独特的社会地位及相应的话语权。因此，要实现教师专业化需要从两个方面入手。

（1）通过教师教育改革来推动教师专业化发展，改革内容包括制定教师应该遵守的基本道德规范、行业规范等。教师教育改革可促进教师专业技能、教学技能、专业素养的养成，可以说教师教育是教师专业化发展的关键性因素。

（2）通过不断改善教师地位来促进教师专业化。教师专业化要求教师具有较高的社会地位和经济地位，并且具有专业自主权，而这些问题的解决需要整个社会的大力支持，包括国家政策上的支持及全社会范围内对教师职业的认可。教师专业化需要与时俱进，并不断地丰富自身内涵。对于教师自身而言，教师需要在自己的岗位上践行终身学习的理念，不断地提高自己的专业技术和技能。

（三）学生能力的培养

能力指影响人活动效率的心理特征，是任务能否顺利完成的决定性因素。在学校教育中，学生能力的培养受到学生自身、教师、教学环境及实践活动的影响，因此体育教育专业学生需要从以下几个方面进行能力培养与提升。

首先，需要进行角色意识的唤醒，要充分发挥学生的主体作用。学生角色在教学活动中发挥着重要的作用，是"身份"的象征，是由一定的社会关系决定的。体育教育专业学生能力的培养不仅要求其以学生的身份进行学习，还要求其主动规划将来的职业形象，并培养自身相应的能力。对于体育师范生来说，其应该在大学阶段经历引入角色、领悟角色、突破角色的发展过程，通过制定相关的培养目标，自觉寻找自我的薄弱点，积极改进，确定自我成长的方向，以为以后的职业生涯打下稳固的基础。

其次，需要不断改进教学方法，发挥教师的主导作用。教师的主导作用在教学活动中非常重要，可以引导学生随着教学内容积极思考，敢于发现问题与解决问题。这需要教师在课堂开始之前进行充分的准备，以在课堂上做到组织合理、讲解清晰、突出重点、示范合理等。只有不断发挥教师的主导作用才能形成开放性的教学氛围，才能提高学生的学习积极性，才能提升学生各方面的能力。

最后，要坚持理论与实践相结合的能力培养策略，促进学生能力的提升。学生职业能力的提升是一个漫长的过程，所以其需要不断进行强化与训练。高校体育教育专业教师应该为体育师范生创造尽可能多的实践机会，引导他们用所学的理论知识指导具体的实践活动。例如，在课前准备的时候，可以指导学生整队集合，排列队形；在进行动作训练时，可以指导学生相互监督，看动作是否规范，如果看到其他学生不规范的动作，应及时加以纠正；对于课外活动，教师可以指导学生担任比赛的裁判及运动员教练，指导学生在实践活动中应用理论知识，促进他们能力的提升。

综上所述，体育教育专业学生应具备综合能力，这种能力的培养需要贯穿整个大学期间，需要在课内、课外实践活动的基础上进行，只有这样，才能培养出合格的未来体育教师。

（四）课程改革

1.高校体育课程的定位

高校体育课程是高等教育基础课程的一部分，该课程的设置有助于高校教育目标的实现。高校体育课程的定义如下："依据高等教育目标制定的高校学生在校期间各种体育活动的总体规划及其教育活动，是为实现高校体育目标而规定的体育内容及其结构、程度和进程，包括课程指导思想、课程目标、课程设置（课程号、课程名称、课程模式、学时计划、考试形式等）、课程内容、课程结构等。"① 高校体育课程的目标是增强大学生的体能，促进其身心健康发展，使他们获得终身体育能力。这要求高校的体育课程与其他课程相结合，提升大学生身体、心理、思想、科学文化、专业、业务等方面的素质。

随着时代的发展，国家对人才的要求越来越高，这使高校体育课程迎来了改革。教育部下发了《全国普通高等学校体育课程教学指导纲要》（以下简称《纲要》），指出："为实现体育课程目标，应使课堂教学与课外、校外的体育活动有机结合，学校与社会紧密联系。要把有目的、有计划、有组织的课外体育锻炼、校外（社会、野外）活动、运动训练等纳入体育课程，形成课内外、校内外有机联系的课程结构。"

（1）高校体育课程的性质。《纲要》秉承"健康第一"的指导思想，对体育教学的手段、目标进行了界定，指出体育课程应以身体练习为主要手段，通

---

① 陈炜，黄芸.体育教学与模式创新[M].北京：光明日报出版社，2016:64.

过体育教育、体育锻炼，最终实现体质的增强、健康的增进、体育素养的提升。《纲要》还对体育课程进行了全新的定位，指出体育课程是促进学生身体与心理和谐发展，集思想教育、品德教育、文化教育、科学教育、生活教育、体育技能教育于一体的教育过程。

（2）高校体育课程的目标。高校体育课程的目标分为基本目标与发展目标。

根据广大学生的客观需求，高校体育课程主要包括五大基本目标。

运动参与目标：学生培养自觉参加体育锻炼的意识，积极参加各项体育活动，形成终身体育的意识，按照自身的身体素质及现状制定相应的个人锻炼计划，对体育项目及其文化内涵有一定的审美能力。

运动技能目标：学生至少掌握两项健身运动的基本技能与锻炼技巧，能进行科学的锻炼，不断提升自己的体育能力，能及时、迅速地处理创伤，掌握处理的方法与技巧。

身体健康目标：学生能客观评价与测试自我健康状况，掌握科学的锻炼方法，能有效提升身体素质，掌握全面发展体能的策略；选择适合人体营养需求的食物，养成健康的生活方式，形成良好的作息习惯与生活习惯，自觉抵制危害身体健康的行为，具有积极的心态与健康的体魄。

心理健康目标：学生设置适合自我发展的体育学习与锻炼目标，通过体育运动来改善心理状态，并积极克服心理障碍，养成乐观的态度；运用科学的方法调节自我情绪，通过运动获得良好的情绪，最终体会到运动的乐趣。

社会适应目标：学生能正确地认识竞争与合作之间的关系，具备良好的体育精神，团队协作中能发扬合作精神。

高校体育课程的发展目标是针对部分学有所长和学有余力的学生制定的，是在基本目标基础上发展而来的，也可以成为大多数学生努力发展的目标，具体分为五大目标。

运动参与目标：学生具备较高的体育素养，能体会体育之美，有良好的体育锻炼习惯，能选择适合自己发展的体育运动项目与方法，完成相应的体育锻炼。

运动技能目标：学生发展自己擅长的项目，具体可以专注于某个项目，同时能参加具有挑战性的运动项目及野外拓展。

身体健康目标：学生能促进自我体能全面发展，善于选择适宜的运动环境，提高科学锻炼的能力，练就强健的体魄与健康的心理。

心理健康目标：学生在不利的环境下表现出勇敢、坚毅、顽强的意志，胜任具有挑战性的项目。

社会适应目标：形成良好的行为习惯，主动关心、积极参加社区体育事务。

2. 高校体育课程改革的基本特征

（1）具体化的体育课程目标。体育课程目标应该是学生通过努力能够达到的预期结果。根据国内外学者的意见，体育课程目标可分为身体发展、认知领域、动作技能、情感态度四类。处于不同年龄阶段的学生的身体发展水平不同，所以各年龄阶段的体育课程目标即存在较大差异，同时体育运动的多功能性、身体练习的多指向性又使体育教学目标具有一定的不稳定性和不确定性，这些都给体育课程目标体系的确立带来了一定的难度。《纲要》根据学生个体发展的需要、国家与社会发展的要求确定体育课程目标，将课程划分为五个学习领域（运动参与、运动技能、身体健康、心理健康、社会适应），再根据大多数学生的体育基础和部分学有所长、学有余力的学生的情况，分层次提出了具体的基本目标和发展目标，这使高校体育课程目标体系的隐性目标"显形"化了，提高了操作性。课程目标既考虑到了学生个体发展的需要，又考虑到了国家与社会发展的要求。五个学习领域的基本目标和发展目标的制定体现了区别对待的原则。课程的五个学习领域是相辅相成的。"运动参与"关注的是学生体育意识与锻炼习惯的培养，"运动技能"关注的是学生对体育知识技能的掌握，以此为基础，学生在"身体健康、心理健康、社会适应"三个领域都能够得到发展。

（2）开放式的体育课程结构。开放式的体育课程结构是当今高校体育课程的一个重要特征。其一方面是高校体育教育高综合、多目标发展的结果；另一方面拓展了学生选择学习内容和学习时间的自由空间。与将体育课程仅局限于学校体育课堂教学时间内的传统模式不同，当前大学体育课程从大课程观出发，把课堂与课外、学校与社会结合了起来，将有组织、有计划的校内外锻炼、课余训练、校外（社会、野外）活动等纳入体育课程范畴，形成了课内外、校内外有机结合的，丰富多彩的体育课程结构新体系。这种结构体系有利于学生体育兴趣的形成，有利于学生身心健康发展，有利于学生终身体育意识的培养。

（3）多样化的体育课程模式。体育课程模式是为实现体育课程目标而采用的重要组织形式与教学方式的总和，是以相对稳定的教学组织结构和教学方法体系所组织的教学活动。当前，高校倡导开放式、探究式教学，努力拓展体育课程的时间和空间，开设多种类型的体育课程。在组织形式上，高校体育教学打破了原有的系别、班级建制，重新组合授课模式，以满足不同层次学生的需求。

（五）教学环境

教学环境对教学质量有直接的影响，好的教学环境可以增强教学效果，提高教学有效性，是教学中不可或缺的因素。1971年，美国国家教育研究会的安德森先生说："一所学校的教学环境在学生的学习过程中是一个特别重要的因素，这一点几乎是一目了然的。"可见，教学环境对体育教育专业的构建来说具有积极的意义。

在教学过程中，教师需要对环境的相关要素进行区分，使环境要素可以充分地配合学生的学习活动。在现代社会，人们已经充分认识到教学环境对教学造成的影响，但由于对教学环境的研究处于初级阶段，目前我国对教学环境还没有明确的概念。目前，国外流行的关于教学环境的概念主要从班级、学校层面出发，有的侧重非物质层面，有的仅关注教学物质环境。可见，国外研究所涉及的要素也不够全面，教育环境与教学环境之间的区别不够突出。

与其他教学环境相比，体育教学环境具有微观性与特殊性。本书结合国内外现有的关于教育环境的研究，认为环境作为一种客体，是与某一主体或中心相对的客观存在。在体育教学环境中，体育教师和学生是主体，所以体育教学环境就可以定义为"与体育教师、学生相对的运用在体育教学之中的客观存在的总和"[①] 。体育教学环境又有广义与狭义之分：广义的体育教学环境包括社会制度、体育法律法规、社会对体育的舆论支持等；狭义的体育教学环境指体育教学活动中，与体育教师、学生相对的客观存在的综合，主要从环境本义出发。

---

① 杨景元，董奎，李文兰 . 体育教学管理与教学现状 [M]. 长春：吉林人民出版社，2019:76.

第二章　理念创新
——思想创新引导高校体育教育专业发展

第一节　现代体育教育理念概述

现代教育理念是一个体系，包含着以人为本、健康第一、终身教育三大理念。随着现代体育教育事业的不断发展，三大理念作为高校体育教育专业实施的指导理念，已被广泛运用到现代体育教学中，促进了我国高校体育教育事业的健康发展。

一、以人为本

以人为本是现代人本主义教育思想的核心，将以人为本的教学理念运用到高校体育教育专业构建中具有积极的意义。当今，科学技术是第一生产力，推动着社会的发展，但技术的不断突破在给人们的生活带来巨大便利的同时，越来越严重地束缚着人们的生活。

（一）以人为本的理念

1.重视学生的自由发展，培养其独立性

这一点表现在学生的自主选择权方面。在学习中，学生可以根据自己的兴趣或判断自由选择学习内容，这样有助于培养学生的独立性与自主性，从而使学生增强自信心。教育过程是一个动态过程，不存在一成不变的教育形态，需要根据时代和环境的变化而变化，所以根据不同的课程制定不同的方案很有必要。多样化的课程选择能满足不同学生的需求，促进学生的个性发展。对于体育教学应该促使学生现有的经验与知识相结合，促使学生的认知因素与情意因素相结合，推动学生自由发展。

2.充分尊重学生的情感体验，使他们通过自身实践获得真情实感

通过自身实践所获得的感受具有真实性，而且这与从课本上生硬获得知识的方法不同，更强调尊重学生的主体地位，使学生在学习中认清自我，并逐渐锻炼其能力，促进学生的个性发展。因此，高校体育教育专业的构建需要高校

营造良好的教学环境与人际环境，充分理解与尊重学生，促进学生情感体验的生成。

以人为本教育与新人文主义、古典人文主义在思想上是相同的，突出了学生的主体地位，主张促进学生各项能力的发展，肯定了学生的主观能动性，重在培养学生的独立自主能力与创新精神。

（二）以人为本的理念与我国的教育改革

将以人为本的理念运用到我国的教育改革中，可为教育带来以下几个方面的影响。

1. 以人为本的理念促进了人的自我价值的实现

传统教育倡导将社会价值放在首位，现代教育则主张教育的本质就是培养人的社会性活动，人是教育的出发点与最终的归宿，因此教育是围绕人来展开的，如果缺乏对人的个性的培养，也就失去了其存在的独特价值，当然个人所具有的社会价值也就无从谈起。

以人为本的理念要求教育以人的发展为核心，注重学生的个性化、主动性与创新精神的培养，促进其自身价值的实现。

2. 以人为本的理念促进了人的全面发展

我国课程改革加大了隐性课程的比重，这在一定程度上体现了以人为本的思想。随着我国体育教学改革的深入，体育课程也进行了相应的改革，融入了更多的活动课程、综合课程，改革开始朝着更加灵活、主动，更加贴合实际生活的方向进行，体现了教育促进学生全面发展的目标追求。

3. 重视学生主体作用的发挥

以人为本的理念要求教师重视学生在体育教学中的主体地位。在传统教学中，教师是体育教学活动的中心，这非常不利于学生主动学习。在"以人为本"的体育教育思想指导下，教师注重学生的主体性，强调教学过程中对学生积极性与主动性的培养，大大提高了教学效率。

（三）以人为本的理念对体育教育专业构建的意义

1. 促进了体育教育专业的重新定位

以人为本的理念强调的是在体育教育过程中充分发挥学生的主体作用，将最终的落脚点设为育人。在传统的体育教学中，教师往往将教学重点落在增强体质上，重视这一点无可厚非，但更重要的是要培养学生的情感及对体育的热爱，关注学生的个性发展，注重多元化体育教学模式的构建。

2.促进了教学理念的更新

新时代背景下，高校注重以创新手段改革体育教学。在教学过程中，高校针对教学目标采取了分层模式，进行了多方面的层次及类别划分，确立了身体健康、运动技能两大基础目标，并进一步设立了心理健康、社会适应等新的培养目标。

在过去很长一段时间里，科学主义主导着大学教育，导致大学教育呈现出科学至上的观念，影响了人文主义的表达，逐渐使大学教育缺少了人文关怀。现代教育的改革与发展带来了人文精神的回归，主要表现为学生成为课堂主体，开始关注学生自身的发展与成长。在教学过程中，坚持科学性与人文性相结合。在目标导向型的课堂环境中，将目标穿插在一起，调动学生的学习积极性，使教学环境更加生动、和谐。

3.促进了新的体育目标的构建

目前，我国高校体育教学的总体目标是培养大学生的体育意识，提高大学生的体育能力，促进大学生身心健康发展，使之成为社会主义现代化建设所需要的身体健康的高层次人才。要达到这一目标，教师要做到以下几点：在体育教学中，注重教授体育锻炼及卫生保健知识与技能；注重增强学生的身体素质；培养学生的政治思想、道德修养、意志品质等；强调主体教育、审美教育，促进大学生的个性发展。由此可以看出，大学体育教育更加注重培养学生的综合素质，同时我国在学校体育改革的过程中很注重所加入的人文性内容，重视学生各方面的协调发展。

4.促进了对高校体育教学的重新认识

在以人为本理念的影响下，一系列体育主张被推出，如成功体育、快乐体育、终身体育等，这些教育主张具有以下特点。

首先，尊重学生的主体地位，主要表现为在日常的体育教学中注重学生自由选择的权利，主张学生不受外界干扰，这样有助于培养学生的自主能力，有利于其自信心的建立。在现代高校体育教学过程中，体育学习的主体必须是学生，学生的需要是教师安排教学活动应该首要考虑的问题。教师在体育教学中要发挥积极引导的作用，引导学生发挥自主性、主动性与创造性，积极地参与到体育课程的学习中。学生只有积极参与到体育教学活动中，才能促进教学目标的达成，才有助于预期教学效果的取得。

其次，有助于培养学生的创新精神。在现代教育背景下，教育探索的方式越来越多，也涌现出大量的体育教学模式，如情景式教学、快乐式教学、创造式教学、发现式教学，这些教学模式有利于促进学生创造力的发挥。

最后，注重学生的个性发展，主动引导学生自主学习，使他们由被动学习转为主动学习，变机械学习为有意义的学习，使学生获得良好的情感体验，促进学生各方面能力同步发展。

二、健康第一

（一）"健康第一"理念的提出

所谓健康第一，就是将健康当作高校体育教育专业发展的第一目标来构建大学生体育的健康新理念。国家体育总局和教育部在 2020 年联合印发《关于深化体教融合 促进青少年健康发展的意见》（以下简称《意见》），指出："树立健康第一的教育理念，面向全体学生，开齐开足体育课，帮助学生在体育锻炼中享受乐趣、增强体质、健全人格、锤炼意志，实现文明其精神、野蛮其体魄。开展丰富多彩的课余训练、竞赛活动，扩大校内、校际体育比赛覆盖面和参与度，组织冬夏令营等选拔性竞赛活动……"早在 1952 年，毛泽东就写道"发展体育运动，增强人民体质"，随着时代的发展，健康被赋予新的意义，其不仅作为一种先进的理念存在，还是锤炼意志、健全人格的途径。高校体育教育只有将健身与育人结合起来，真正凸显体育的教育本质，才能使体育与高校其他课程结合在一起，共同构建学校教育的"健康第一"。

健康第一的理念面向高校的全体学生，是全员性的理念渗透。现代社会文明带给大众最严重的问题就是"文明病"，该病严重威胁着人类的健康，大学生群体也深受其害。所以，改善大学生体质，提高体育教学质量成为了重点社会课题。同时，将健康第一理念当作高校体育专业的基本思想来抓很有必要。

（二）"健康第一"理念的特征及意义

健康第一有丰富的意义与内涵，其基本特征如下所述。

首先，高校体育专业是育人的专业，其首要的目标是增强体育师范生的体质，在健康第一理念的影响下，使他们养成良好的生活习惯，形成规律的作息时间，身心得到健康发展。

其次，真正意义上的健康不单单是身体上的健康，还有心理上的健康，所以应将身体和心理健康放在同等地位加以重视，健康第一所体现的是身心健康的和谐统一。

最后，教育的开始与终极目的都要回归到健康的身心上，所以学校在开展教育教学活动时，要从德育、智育、体育、美育等方面促进学生全面发展。

健康第一理念的积极意义如下所述。

（1）健康第一理念明确了高校体育教育的教学目标。高校体育教学以健康第一为指导，建立了多样化、多层次的教育目标体系。

（2）健康第一理念推动了我国高校体育课程的改革。目前，广大学校，尤其中小学面临着升学的压力，经常占用体育课进行其他课程的学习，不能满足学生体育锻炼的需求。健康第一理念就是让学校充分地认识到体育与其他学科同等重要，且体育具有其他学科所没有的优势，尤其在促进学生身心协调发展方面发挥着明显的作用，有利于协调学生身体机能发展，提高学生的注意力。学校在设置体育课程的时候要结合学生的具体情况及阶段性的身心发展规律，通过多方面的尝试来拓展课程的广度与深度，同时加入现代元素，以此激发学生的积极性与创造性。

（3）健康第一理念促进了教学方法的优化。对于高校体育教育专业的教师来说，健康第一理念是对生命、运动的热爱，是对身心和谐发展的内在的统一，在教学过程中，应注重挖掘体育资源带给学生的情感、体验，逐渐改变应试教育思维，使体育教育成为学生日常生活中的一部分。具体来说，要将生动、有趣的内容融入体育教学中，使学生在体育课上体会到运动的快乐，获得成就感，逐渐形成终身体育观念。

三、终身体育

终身体育理念是在遵循人类发展客观规律的基础上形成的。大学阶段一般是学生生涯的最后阶段，也是衔接社会教育的关键时期。因此，高校要重视终身体育理念的灌输，以该理念引导体育师范生在未来的工作岗位上不断学习，并将终身体育这一理念传递给更多的人，逐渐形成社会效应。

（一）终身体育的基本概念

所谓终身体育，是指"一个人从生命的开始到生命结束，都要因适应环境与个人的需要进行身体锻炼，以取得生存、生活、学习与工作的物质基础或条件"①。终身教育最早于 1965 年由法国著名教育家保尔·朗格朗提出，倡导教育应该贯穿于每个人从生到死的全过程。他在《终身教育引论》中提出："如果将学校体育的作用看成无足轻重的事，不重视学校体育，那么学生进入成年阶段以后，体育活动就不存在了。如果把体育只看成学校这一阶段的事，那么体育在教育中就变成了插曲。"20 世纪 80 年代，我国提出了终身体育理念，一方面是因为随着教育理论及实践的不断发展，人们对体育作用的认识越来越深刻，认为体育应该成为一种理念为社会所有人所提倡；另一方面，随着社会主义市场经济的不断发展，体育相关法律法规不断完善，体育配套设施陆续建成，从而形成了体育大发展的前提条件。

（二）终身体育的特征

1. 延续性

终身体育的最大特征是打破了体育囿于学校、体育活动，局限于青少年时期的传统观念，而将体育看作人一生连续参与的活动。从时间维度上看，终身体育由三个相互联系的阶段构成：婴幼儿体育阶段——不仅对婴幼儿的生长发育具有重要影响，还是终身体育的启蒙期；青少年体育阶段——对青少年生长发育和身心健康起促进作用，也为终身体育奠定了基础；中老年体育阶段——可根据个人自身情况从事体育活动，进入了终身体育的稳定期。因此，终身体育不能只

---

① 李龙.高等职业技术学院体育教程[M].北京：中国书籍出版社,2012：237.

局限于某个阶段，而应有一个承前启后的连续过程。其中，学校体育是终身体育的关键环节。

2.生活性

生活中偶尔出现的体育行为并不能说明体育已经成为日常生活的组成部分，提倡终身体育则可以将体育活动变成日常生活中的一种自觉行为。体育给人们的生活带来的是欢乐和健康。因此，体育生活化具有两大价值：一是提高健康水平，二是丰富并充实闲暇生活。生活在当今社会的每一个人不仅要学会生存，还要懂得生活，两者都离不开体育，体育与生活是紧密联系在一起的。

3.灵活多样性

终身体育的对象包括儿童、青少年、中年人和老年人，其活动场所、内容、形式灵活多样。人们为了适应个人发展和提高生活质量，总是根据自己所追求的目标，以及年龄、工作性质、生活习惯等不同的条件选择自己的体育活动方式和方法，以求得最佳效益。正因为如此，终身体育的目标、手段、方法等方面都体现出了灵活多样性。

终身体育还是促进人的现代化的有效途径和手段。从系统的观点出发，人的现代化和终身体育对个体而言都是一生的事情。人的现代化除了指具有现代科学知识外，还指自身思维方式、价值观念、行为特点和情感方式具有现代化特点。体育运动可让人们拥有竞争与协作、民主与法制、民族传统与世界潮流等现代人所必须具备的心理品质，发展人的个性，充实人的情感生活，并以它特有的方式使参加者有一个不断获取新的心理体验和行为方式的机会。终身体育在促进人的现代化过程中以独特的功能显示出非凡的作用，并且随着社会的不断进步，这种功能将以更突出的地位体现在人的现代化进程中。

（三）终身体育理念与学校体育教育

一般来说，学生从学龄儿童时期就开始接触终身体育的相关理念，通过有目的、有计划、系统地锻炼身体来掌握相关的体育知识与技能，培养体育锻炼的意识与习惯。如果青少年时期身体发展不好，人们很易出现脊柱侧弯、驼背、肥胖等问题，进而影响成年之后的身体发展，所以学校体育在终身教育体系中有很重要的作用，所起的是承前启后的作用，对人们形成终身体育理念至关重要。学校体育教育要想为终身体育理念打下坚实的基础，需要引导学生在以下几个方面付出努力。

1. 加强身体锻炼和素质培养

学生时期是人们身心发展的高峰时期，这一时期的体育锻炼及体育观念非常重要。如果在学生时期没有打牢基础，则不利于人们工作之后的锻炼效果。高校体育教育专业的师范生需要树立终身体育理念，养成良好的体育锻炼习惯，拥有健康的身体与心理，同时要在这几个方面起到表率的作用。因为师范生将来会就业于广大中小学，承担教书育人的责任，所以自己只有先具备相应的能力，才能很好地指导与影响学生。

2. 培养在体育锻炼方面的兴趣与爱好，养成良好的锻炼习惯

有的体育活动存在重复性，可能会使学生产生些许厌烦情绪，所以兴趣、爱好是最好的驱动力。在各个阶段学生的心理发展是不同的，学校应该根据不同阶段学生的心理特征来制定相应的教学策略。对于高校体育师范生来说，体育锻炼的目的性就相对明确些，所以他们能选择自己喜爱或擅长的运动项目进行锻炼，也会专注于体育运动的最终结果。在这一过程中，学生会增加相应的理性体育锻炼，如长跑，以改善心血管系统的功能等。总之，体育运动的前提是发现自我锻炼的兴趣点，将兴趣点转化为内驱力，促进终身体育理念的形成，并使之成为影响自己一生的运动理念。

3. 要夯实体育相关的知识、技能，养成自主体育锻炼意识

一方面，要掌握科学的锻炼方法及手段，获取丰富的体育知识、技能；另一方面，培养自主体育锻炼意识，以有助于学生逐渐提高自己的学习能力、锻炼能力、自我评价能力，形成自主体育锻炼意识。

（四）终身体育理念对高校体育教育的意义

首先，终身体育教育可以培养优秀的、满足社会需要的人才。社会劳动力存在着多样性，是由不同年龄、不同工种的人构成的，但无论是什么类别的劳动力，都需要有健康的心理与强健的体魄，只有身心全处在一个最佳的状态下，才能更好地适应现代社会发展的需求。

在高校体育教育教学中，高校需要将社会客观需要与学生的终身体育发展

结合在一起，培养出更多的优秀人才。

（1）明确社会需要与学生需要之间的关系，高校培养学生的最终目的是使学生适应社会需要，为社会发展输出更多的人才。学生在高校体育教育中处于主体地位，所以其需要在遵循学生身心发展规律的前提下展开人才培养活动。

（2）体育教学的核心工作需要根据学生的客观需要展开，需要从学生的客观需要出发，制定适合学生身心发展的教学任务。

（3）社会发展的需要与学生身心发展的需要之间有时会出现矛盾，所以在处理矛盾的时候应采用灵活的方式，使最终的人才培养面向社会发展需要。同时，要注重学生的身心发展需要，要充分以学生为中心，发扬以人为本、健康第一的现代理念。

其次，积极推动新时期的高校体育教育改革。目前，部分高校仍然存在单纯强调技术、技能的体育教学模式，没有真正理解健康是身体与心理上的健康，因此教育过程中存在着一系列问题。为避免体育师范生在未来走上教学岗位时出现不会教的尴尬情况，高校体育教育专业要针对现状采取相应的策略，逐渐扭转不利的局面，构建高校体育教育发展的新局面。在终身教育理念的引导下，体育教育教学不但要提升学生的运动技能和运动熟练程度，还要推动学生自我锻炼与综合运动能力快速提高。在终身体育理念的影响下，高校体育教育专业应引导学生掌握系统的体育理论知识，使其养成科学锻炼和自觉锻炼的意识。

终身体育理念是目前我国体育教育专业构建中的重要理念，该理念的构建具有过程性与长期性，将不断提升高校体育教育专业水平，推动改革的进程。

再次，促进了学生未来体育生活化的发展。当今时代，体育与人们的生活息息相关，主要表现在体育锻炼已经成为人们生活的一部分，人们不仅具有体育锻炼的意识，还逐步形成了体育锻炼的习惯。

大学阶段是学生走向社会的过渡阶段，学生走出校门后进入工作状态，则良好的锻炼习惯有利于其拥有健康的身体与心理，也可为其更好地进行工作奠定坚实的基础。对于高校体育教育专业的学生来说，未来的工作多为教学岗，其目的是培养合格的体育人才，所以终身体育的理念需要不断加强。对于体育师范生来说，其不仅要养成良好的体育习惯，还要有意识地影响身边的人，这样才能在以后的教学工作中去影响学生。

最后，终身体育理念从大的方面看，促进了人文体育的建设与发展。人文体育是一种文明、理性、以人为本的体育观念，其核心就是主动表现体育对人类生存意义及价值的终极关切。人文体育包括人文环境与人文精神两个方面。

一方面，在体育教育过程中，良好的体育教学环境为顺利完成体育教育教学奠定了基础。所以，在教学过程中要加强高校体育教育专业的人文环境构建，营造良好的体育教学环境，使体育师范生在舒适的体育教学环境中成才。人文环境不仅包括体育馆及运动器材，还包括学校的体育文化。体育文化的构建需要全体学生共同参与，因此在日常的教学实践中，学生要积极参加学校倡导的活动，在活动中贡献自己的力量，共同促进校园体育文化的构建。需要指出的是，校园体育文化的构建是一个长期的过程，对高校体育师范生的影响也是潜移默化的，因此学生在特定体育文化的熏陶下认可与接受体育文化，可以更好地促进人文体育的形成与发展。

另一方面，终身体育理念需要在高校体育教师身上展现，因此要不断地加强高校体育教育专业的教师队伍建设，不断提高高校教师的人文素养。一般而言，体育教师具有较高的人文素养，在直接、间接的教学活动中可以培养学生的人文精神。在教学实践中，无论是体育教师的口才、形象、素养抑或专业水平、思想认识、人格修养等，都对学生人文精神的培养有一定的影响。体育教育工作者要建立一套可行的教学方案，在学生在校期间对学生进行持续性影响，使学生具备人文体育的精神，成为体育师范的火种。

高校是培养人才的重要教育基地，要将国家的需要、社会的需要与学生的需要结合在一起，将终身体育的健身价值与人文价值结合在一起，将体育知识、技能与终身体育概念结合在一起，以学生为主体制定相应的教学方案，不断提高学生的体育素养与能力。

第二节　人文主义思想对体育教学的影响

体育教育是学校教育的重要组成部分。对于学校来说，现代素质教育的构建离不开体育教育。学校教育的目标是培养德智体美劳全面发展的人才，因此离不开体育教学。

体育是一门帮助学生形成良好体育素质和体育意识的重要学科，可以提高学生外在的身体素质，增强学生的体质，还可以推动学生由自然人向社会人过渡，这体现了体育的人文性，即人文主义思想。学校体育教育人文性的本质主要表现为体育教育对人的体质、心理、道德、思想、人格等方面的塑造。

一、高校体育教育的人文主义实践

在我国，体育教育的主要目的是增强学生的体质，加强学生对体育运动重要性的认识，最终培养出德智体美劳全面发展的人才。目前，国家根据不同年龄阶段的特征，制定了不同的体育目标，但各个阶段的目标之间也存在着共同的特点。首先，目的都是增强学生的体质，促进学生成长。其次，都是通过学校体育这一途径来培养学生正确的运动理念与技能，最终促进学生全面发展。目前，高校体育教育的实践过程体现出以下几点特色。

（1）强调身体健康的重要性，强调身体是革命的本钱，人们只有具备良好的身体素质，才有机会开展社会实践活动，才能更好地投入社会主义现代化建设过程中。

（2）对"三基"的培养，尤其对运动技术方面的培养，一直是高校体育教育的重点工作。

（3）重视集体主义方面的教育。在崇尚个性的年代，高校注重集体主义及爱国教育，但由于两者比较抽象，在具体的生活与教学过程中，渗透的多是理论知识。

一直以来，以知识、技能、学科发展为中心的价值导向导致学生被视为知识与技能的承接者，失去了主体地位。在教学过程中，教师也较为注重对知识、技能的传授，因为这些最容易被评估。知识掌握得好或者技能高就说明学生学得好，也说明教师的教学能力高。

学校教育的总目标是培养全面发展的人才，因此我们应当认识到传授体育与健康知识、体育运动技术技能以及在教育过程中渗透道德教育的目标应该统一到培养全面发展的人才的目标中。

基于以上认识，笔者认为人文体育教育的最终目标应该是以运动为手段，以增强体质和培养健全的人格为目标，以人的全面发展为基本保障，对学生的认知、情感、技能等方面产生积极的影响，促进学生全面发展。

二、体育教师应该具备人文素养

在人文体育教育过程中，体育教师自身需要具备良好的人文素养。近年来，我国的基础教育课程处在一个改革的阶段，不再一味地重视知识和技能的传授，也开始重视对人文素质的培养。特别针对高校体育教育专业，我国构建了通识教育＋体育＋教师技能的人才培养模式，将学生的素质教育、体育知识、体育技能、职业规划、社会实践、创新能力等都综合纳入了体育人才培养计划中，致力培养一支具有深厚知识、扎实技能、较高人文素养的教师队伍。

人文素养体现的是人类生存与发展的意义及人性的关怀，符合人类发展的客观规律。因此，体育教师在发展的过程中，需要具备文化与人文底蕴，即具有"为人师表"的能力，只有拥有了这项能力，才能给予学生人文关怀。那么如何提高体育教师的人文素养呢？

（一）重视对高校体育教师人文精神的培养

体育教师不仅要具有人文素养，还要具有人文精神，这不仅是从事体育教育事业的需要，也是为人师表、教书育人的内在需求。教师对学生的影响是巨大的，基于学生的向师性特点，教师在教书育人上应起到模范带头的作用。教师需要忠于教育事业、爱岗敬业、爱护学生，还要有积极的奉献精神、实事求是的态度、不断创新的精神等。体育教师的人格魅力是教师人文素养的外化，是由内而外的自然流露，一个学识渊博、修养高尚的教师会给学生带来积极的影响，这些影响有的会直接显现出来，有的则会潜移默化地影响学生。总之，优秀的体育教师对学生的成长起着积极的作用，也对学生人文素养的提高有着正面影响。

（二）体育教师应具有仁爱之心

仁爱之心是作为一名教师的根本，习近平在《做党和人民满意的好老师》中提出："教育是一门'仁而爱人'的事业，爱是教育的灵魂，没有爱就没有教育。好老师应该是仁师，没有爱心的人不可能成为好老师。"[①] 由此来看，仁爱之心是教师成长过程中的关键要素。教师的仁爱之心是一种对国家、对社会、对学生的责任心的充分体现，是一种无私的爱，是一种大爱，这种爱不求回报。

另外，教师的仁爱之心还体现在对生命的热爱上。

第一，教师关注的是把爱变成一种对学生的欣赏能力和透析能力，以此发现和挖掘每一个学生的独特生命价值。

第二，教师关注的是把爱转化为一种现实的推动力，即在爱中促使每一个学生健康发展。

第三，教师关注的是与学生建立一种以"爱"为基础的师生关系，"教师的爱通过与学生的平等对话、坦诚交流来实现……爱不仅是一种情感，也不仅是一种动力，还是一种运行机制"[②]。教师用爱去对待每个学生，就会体会到学生成长成才的快乐，这也体现出了教师的价值。

民族振兴的希望在教育，教育的希望在教师。培养担当民族复兴大任的时代新人需要大批优秀教师。成为优秀教师是每个教师的理想，这不仅需要组织的培养教育，而且需要每个教师在教学实践中加强锻炼，自我鞭策，自我省思，见贤思齐，不断在理想信念、道德情操、扎实学识和仁爱之心等方面提升自我修养，以优秀教师为楷模，终身学习。另外，成为优秀教师还要坚持教书和育人相统一、言传和身教相统一、潜心问道和关注社会相统一、学术自由和学术规范相统一，做先进思想文化的传播者、中国共产党执政的坚定支持者，

① 习近平.做党和人民满意的好老师 [N].人民日报，2014-9-10(2).
② 李政涛.论教育学的基本指向及其灵魂 [J].教师教育研究，2007(2):13-18.

更好地担起学生健康成长指导者和引路人的责任。

（三）高校体育教师人文素养的外化

1.高校体育教师的谦逊

约翰·保罗说："一个人的真正伟大之处就在于他能够认识到自己的渺小。"对于教师来说，谦逊的品质可以使他虚心接纳他人的意见，不断挖掘他人的闪光点。在体育教学工作中，教师对学生要和蔼可亲，对同事要保持谦虚的态度，避免因盲目自大而陷入无知的境地。一般来说，体育教师在教学经验及技术方面有着明显的优势，而这显然是长期积累的结果，是在不断地教学与实践中获得的宝贵财富。虽然在体育教学中教师在心理上占有绝对的优势，如面对某一新知识，学生可能很"无知"，但学生的学习能力并不差，因此教师在教学过程中需要保持谦逊的态度，这是最能体现教师人文素养的地方。人文素养较高的教师能客观地看待学生能力不足的现状，能用关切的口吻解答学生的日常问题。从学生视角来看，教师在耐心讲解疑惑的过程中因认真的态度以及关切的语气等而散发出的人格魅力比单纯的技术优势更吸引人。

2.高校体育教师的宽容

高校教师需要给予学生充分的试错机会，因为失败是成功之母，在成功的路上必定会有失败相伴。根据教育目的，教师要引导学生、教会学生做人，培养其人文素养。从这一点看，高校体育教育专业的教师除了要传授学生知识与技能外，也要承担育人的责任，需要以一颗宽容的心来包容学生的个性、叛逆、错误与任性，给予学生足够的时间和空间成长。因为宽容能得人心，宽容的体育教师能得到广大学生的认可与喜爱。一般而言，朝气蓬勃的大学生在心智上还未完全成熟，对事物充满好奇心与探索欲，喜欢表现自我，具有强烈的个性，这些都有可能导致学生在课堂上因为思考不充分而犯错误，因此体育教师需要对其进行积极引导，且需要在遵守国家法律、学校规定及课堂秩序的前提下进行。

3.与学生建立深入探讨的关系

"尊师重教"一直是我国教学中秉持的观念，但现代教学所提倡的是打破原有的教学模式，寻找一种师生间的平等对话，并通过解惑答疑促进学生问题的解决与知识的掌握。尊重教师并没有什么问题，问题是尊重教师并不代表教师的授课方法就是对的，更不代表教师的观点都是对的。尊重不是单方面的义务，而应是双方都应该遵守的行为规范，尊重并不意味着受人尊重的一方就理应享有被人尊重带来的全部好处而不去考虑对方的尊严和权利。尊重是相互的，反映在课堂上，尊重在最低限度上意味着学生有和教师平等对话、提出自己见解甚至质疑教师的权利。在传统的课堂教学中，教师一直扮演着"传道、授业、解惑"的角色，知识和真理似乎一直站在教师一边，教师拥有全部的话语权，学生的全部任务则是默默地记下教师的话，默默地背下书本上的知识，探索精神、创新意识、个性养成全都泯灭于师道尊严的弹压之下。

从另一个角度看待师生间的关系，学生对教师的教法提出疑问或者对知识本身提出不同的见解，这种行为不仅不应当受到压制，反而应该受到重视和鼓励。

回到体育教学情境，我们应当承认体育知识、运动技术并非完全属于体育教师的特权展示。对于同样的动作，高矮胖瘦不同的练习者的展示效果并非一模一样。就像世间没有两片一模一样的树叶，同样也不存在一模一样的动作传承。体育教师必须知道，不同的学生对动作技能的掌握程度也不同。既然如此，拥有良好人文素养的体育教师应乐于接纳学生的提问和质疑，并以开放的心胸参与到问题的讨论中。

第三节 多媒体时代现代技术理念引领体育教学发展

现代多媒体技术以现代媒体为基础，通过系统的构建解决现代教学中出现的问题，具有很强的实践性与可操作性，最终目标是实现教学的最优化发展。可以说，当代大学教育的改革与专业的构建绕不开技术问题，应具备技术理念，通过科技手段生动地展现体育理论、动作技能，大大提高学生的学习效率，这也是专业构建现代化的一个重要标志。

一、多媒体时代现代技术的意义

第一，可以激发学生学习体育知识与技能的兴趣。与传统的体育教学相比，多媒体教学促进了知识从平面到立体，从抽象到画面、视频，从无声到有声的转变，进而激发了学生的学习兴趣，使学生由被动学习转为主动学习的状态，并不再认为学习是一件枯燥的事情。例如，在足球教学过程中，教师可以运用现代多媒体技术，以比赛特写镜头的方式将足球的基本要领展示给学生，这样学生可以有身临其境的感觉，更容易理解具体化的知识，更好地掌握基本的动作要点，为之后的系统性学习奠定基础。

第二，帮助学生熟练掌握动作技能。之前的动作讲解通常通过教师的口述与示范来完成，在这一过程中，教师充当着讲解、示范、演示等角色。在体育教学过程中，体育教师有时难以准确地把一些难度较大的技术、动作示范出来，即便勉强示范出来也多存在不规范的情况。通过现代多媒体技术，教师就能对动作进行规范性示范，使学生精准把握动作，记住动作要领。在利用运动技术手段演示鱼跃前翻动作时，教师只能演示完整连贯的动作，无法分解动作，但运用视频的手段就能实现动作分解，让学生看清楚每一个动作。

第三，现代教育技术可以促进现代体育教学高效管理，促进高校体育教育专业的现代化发展。目前，高校体育都在进行信息化构建，这种信息化构建能帮助教师管理日常的教学活动，包括教研组的管理、教师备课系统、体育器材管理等，大大减轻体育教师的日常工作负担。

二、多媒体时代现代教育技术的特征

（一）多媒体现代教育技术的现代性

随着信息时代的到来，全球化的趋势越发明显，全球范围内迎来了技术革命，以计算机为代表的现代技术成为了人类进步的一个重要体现。现代技术被引入高校，就形成了现代教育技术，其对现代高校的构建、高校教学的发展有着积极的作用。现代体育教学技术运用到高校体育教育专业，大大提高了专业构建的水平，促进了教学活动的高效运行，使学生利用现代技术掌握了更多的知识与技能。

（二）现代教育技术的实践性

现代教育技术是在不断实践的基础上发展起来的，具有很强的实践性。现代教育技术的运用需要从事相关工作的技术人员掌握一定的操作技能。随着时代的发展，教育技术的可复制性与可操作性越来越强，同时其实践性也会越来越凸显。

（三）教学最优化是现代教育技术的最终目标

教育技术的运用是为了实现教学目标，现代教育技术的优势在于可以整合不同的资源，优化资源配置，在教学管理、教学活动、实习等环节都充当着重要的角色，有利于实现教学的最优化。

三、现代教育技术的运用

对于体育教师来说，个人的能力是有限的，但可以利用现代教育技术来优化教学活动，更好地满足学生的需求。目前，现代教育技术水平偏低，在一定程度上限制了体育教学的信息化进程。为了更好地推动教学技术的发展，可以从具体的国情出发，引进先进的技术，与体育教育进行深度结合，以真正提高体育教学效率与质量。对于教育技术的改进，可以通过下列途径进行。

（一）要根据学生的客观需要进行相关的教育技术运用

体育教学想要达到预期的教学目的，讲究天时、地利、人和，即在教学活动开展过程中，教师既要掌握学生心理的发展情况，又要积极调动学生的学习积极性，还要运用相应的现代技术手段，以完成精彩绝伦、令人难忘的教学课程。为了在该过程中真正起到积极的引导作用，教师需要做的是了解最新的技术动向，扩大自己的认知面，积极更新现代技术手段，并将其运用在教学之中。

（二）采用现代教育技术与传统教学手段相结合的方式进行体育教育教学

虽然利用现代教育技术开展体育教学活动可以提高教学质量，但是传统的教学方式也需要坚守，尤其是体育教学中的户外锻炼。现代教育技术的运用需要借助多媒体设备，一般在室内展开，对场所的依赖性较大。体育教学中涉及技能方面的内容，需要学生在掌握了理论知识之后进行实践，所以体育教师不能一味地运用现代教育技术，而应根据实际情况选择合适的教学方法与手段，通过现代教育技术与传统教学手段相结合的方式开展教学活动。

第四节　现代教育理念下未来高校体育教育专业发展

要促进现代体育教育专业的积极构建，现代教育理念是不可缺少的，只有具备先进的现代教育理念，并以其指导具体的体育教学，才能促进高校体育教育专业发展，为社会培养出更多的人才。

一、终身体育教育的加强

1995 年，国务院颁布了《全民健身计划纲要》，指出要对学生进行终身体育教育，培养学生的体育锻炼意识、技能及习惯，这一规定将学校体育教育纳入了终身体育教育发展范畴。

1996 年中华人民共和国国家教育委员会又颁发了《全日制普通高级中学体育教学大纲》，指出："掌握体育的基础知识、一般技能，提高学生的体育意识和能力，为终身体育奠定基础。"

2001 年，《体育与健康课程标准》中明确指出："学校教育是终身体育的基础，运动兴趣和习惯是促进学生自主学习和终身坚持锻炼的前提。"

2003 年，《普通高中体育与健康课程标准》中提出："高中体育与健康课程十分重视培养学生的运动爱好和专长，促进学生体育锻炼习惯和终身体育意识的形成。"

2016 年，国务院印发了《全民健身计划（2016—2020 年）》，提出："全面实施青少年体育活动促进计划，积极发挥'青少年阳光体育大会'等青少年体育品牌活动的示范引领作用，使青少年提升身体素质、掌握运动技能、培养锻炼兴趣，形成终身体育健身的良好习惯。"

二、培养学生的终身体育理念

我国传统体育课程与教学所关注的重点是学生体育技能的学习与训练，重点放在了学生身体机能的优化上，注重课堂教学与活动教学，而且教学内容只集中在田径、球类、体操相关方面。尽管相关目标是体育教学活动的主要目标，具有必要性，但放在当下的大环境中，却存在着弊端。针对体育目标的设定还需要进行深层次的解读，以朝着终极目标——人的终身体育发展而努力，使体育教育专业构建最终服务于学生核心素养培养活动。

"每天锻炼一小时，健康工作五十年"是终身体育喊出的响亮口号，这是终身体育精神的充分展现。在体育教学活动中贯彻终身体育需要在体育兴趣与体育精神两个方面进行努力。

（一）以兴趣构建终身体育理念

要成为终身体育的践行者，学生需要对体育运动始终保持热忱与自觉，而要坚持终身体育，其不仅需要有生命意识，还要对体育运动保持浓厚的兴趣。一般来说，在运动中投入时间越多，学生积淀越多，同时获得的生命体验也就越独特，这样就能保持终身体育热情，并将兴趣当作主要出发点与归宿。

1. 以"适合"教育培养终身体育兴趣

体育教学培养兴趣的途径多种多样，但要适合。所谓适合，就是结合学生的心理特点与高校的实际情况来发展体育兴趣，并制定出不同的教学设计。这是一个循序渐进的过程，由简单到复杂，逐渐引导高校学生获得运动的成就感与体验感，产生体育兴趣。

2. 基于平常心培养学生的体育兴趣

在高校体育教学中，不难发现学生在身体素质、心理、运动天赋等方面存在差异，而且有的差异巨大。另外，学生在同一个运动项目学习训练中的表现也不同，这是高校普遍存在的现象，不仅在体育学科，在其他的学科也同样存在。体育教师如果针对滞后的学生采取强压或是轻视措施，很可能造成学生身心上的压力，不仅不会使他们对体育运动产生兴趣，而且会严重打击学生的积极性。面对这样的情况，高校体育教师需要树立平和的心态，对学生进行积极的引导，并在教学过程中采取差异化教学方法，努力让不同发展水平的学生都找到体育运动的快乐。在具体的体育教学活动中，教师要保持良好的心态，鼓励学生向着更好、更高的目标发展，引导学生朝着自己制定的目标前行，给予他们练好技能的信心。

3. 兴趣的多样化培养

高校具有开放性的特点。一般来说，大学除了必修的课程外，还有许多选修的课程，可以充分发展学生的兴趣与爱好。在现实教学过程中，体育专业的学生都会有某一项或若干项体育运动专长，学校应该尽可能创造条件保持体育专业学生对体育项目的热爱，助力其终身体育理念的培养。

要满足高校体育教育专业学生的个性化需求，最有效的尝试就是尽可能提供多样化的运动项目，让体育专业学生根据自己的意愿加强体育锻炼，逐渐培养与体育项目的情感，进而对体育运动产生兴趣。高校也可以根据学生的多样化需求来设置相应的必修课程、选修课程、社团等，并将这些纳为高校体育教学与活动的一部分，使学生拥有充分的自主权以选择自己爱好的运动项目。

4. 拓展运动基础能力来延伸兴趣的广度与深度

随着年龄的增长，人们生活与工作的环境会发生相应的变化，具体表现在工作场所、居住环境以及生活条件方面，而且人们在这个过程中需要找到最适宜的运动进行体育锻炼，以满足不同阶段的身体发展需要。在锻炼的过程中，人们身体的平衡性、灵活性、协调性、柔韧性以及耐力、爆发力等需要长期的体育锻炼来获得，所以人们要在保障这些基础能力的基础上来延伸兴趣，找到适合自我发展的终身体育项目。

（二）以精神搭建终身体育

体育运动中的体育精神是多维的、立体化的。体育运动表现出了对生命的热爱，提倡公平，建立在相互尊重、共同发展的基础之上，具有人文性；体育竞赛中所传达的是体育竞争意识、团队协作、自强不息的精神、顽强拼搏的勇气等。高校体育教育在注重知识、理论构建的同时，要引导学生向着超越原始技能的方向发展，逐渐走上终身体育的道路。

1. 将体育精神贯穿于体育教学

体育精神作为引领，使体育教学有了灵魂，其呈现方式并不是单纯的说教，而是强调学生在学习过程中的领悟与体验，是一种精神方面的自我建构。体育精神存在于高校的体育学科中，不仅包含理论与知识的学习，还有运动技能的学习、运动能力的提升，学生需要挖掘精神内涵，将体育精神与各种学习、训练放在一个系统中去观照，才能发挥体育精神的引领作用。

2. 在活动中孕育体育精神

学校开展体育活动不仅重视活动本身，还重视其中涉及的大量人际交往等，而且要求学生遵守严格的规章制度，认识到担当与分享并重。体育精神的培养还表现在开展学校活动时，引导学生进行深度参与，从而提升各方面能力，感受到体育精神。

3. 注重榜样的力量，不断汲取体育精神

体育专业学生大多有自己崇拜的体育明星，所以体育明星的榜样力量对学生具有一定的激励作用。对体育明星的喜爱多是出自明星对某项体育运动的执着与热爱，这会对学生体育精神的培养起到推动作用。

4. 注重综合教育，强化体育精神

体育精神需要在体育教学中不断凸显，体育精神的倡导有利于终身体育的培养。学校可以组织学生进行野外拉练等富有挑战性的活动，通过军事化的训练与体育精神的结合，培养学生坚持、坚韧、顽强、冒险等精神，培养学生的团队意识与协作能力。

三、不断丰富教学内容

随着现代化建设的不断加深，在体育教学改革上表现出的是体育运动项目的增加，所以学校的体育教学也变得丰富起来，一些具有现代性、实用性的项目出现在体育专业中，如攀岩、瑜伽、健身操、山地自行车等，这些项目既有一定的体育价值，又能满足学生的客观需要，因此相关方面的构建是目前体育教育专业改革的一个方向。还有一些娱乐性较强的运动项目也在迅速发展，代表项目有保龄球、台球、滑板车、轮滑等，这些项目当下比较流行，可以增加学生的兴趣。另外，为了构建"体育强国"，我国的体育教育专业还在不断发展一些民间项目，如踢毽子、跳竹竿、荡秋千等，呈现出了多样化的教学尝试。总之，高校体育教育教学内容会朝着多样化的方向发展，目前一些具有健身、健美及娱乐功能的体育项目成为了现代体育教育专业的热门项目，而未来将迎来多样化的大发展趋势。

四、体育的组织形式呈现出多样化发展趋势

随着终身体育理念的不断普及，越来越多学生的主体意识被挖掘，当代体育大学生能清晰地认识到终身体育的重要性，还能建立起清晰的目标导向来进行运动锻炼，所以除了课堂体育教育之外，课外体育在组织形式上也呈现出多元化的发展趋势。

（一）体育俱乐部成为课外体育的重要呈现形式

最早的体育俱乐部产生于 17—18 世纪。1608 年出现的英国高尔夫球俱乐部就是其中之一。世界上许多国家都有体育俱乐部。在欧美工业发达国家，体育俱乐部分为业余和职业两种。其中，业余的体育俱乐部为业余运动员提供运动场地和器材，它的经费来源一般是收取体育设施出租费和会员费，也有的由工会提供。在我国，体育俱乐部呈现出两种性质——竞技体育俱乐部与群众性的体育俱乐部。竞技体育俱乐部主要是发展人们的特长，以提高人们的运动技能为目的，具有竞技性质；群众性的体育俱乐部主要以健身、健美、塑形、减脂、娱乐等为目的。

（二）高校体育专业相关社团的进一步发展

高校体育社团一般由学院的学生会、团委组织，通常以单项的体育协会形式出现，如篮球协会、游泳协会、健美协会等。随着学校体育项目的增加，体育社团也呈现出多样化的发展趋势，所以未来的高校体育教育专业中会呈现出非正式学生体育社团多样化发展趋势。高校体育教育专业应该鼓励学生社团的建立与发展，让更多的体育专业学生参与到社团活动中，以促进体育教学的多样化发展。

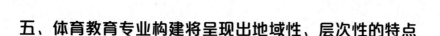

五、体育教育专业构建将呈现出地域性、层次性的特点

我国体育课程目前实行的是国家、地方、学校三级课程管理体制，包括国家制定课程标准，提出课程构建的整体目标，地方与高校根据自己的实际情况，结合具有的资源进行课程的构建，因此高校体育教育专业的课程呈现出地域性与层次性的特征。高校体育教育专业可以根据所在学校的具体情况，如课程资源、气候特点、地理位置、体育传统，制定相应的课程标准，设置相应的教学内容，呈现出地域性优势。

《体育与健康课程标准》中强调充分关注人的不同需求，尊重个体差异性，确保每一位学生受益。目前，我国高校体育教育专业正在积极实践因材施教，通过分层次的教学手段来保障每位学生在体育教学中受益。只有根据学生的客观需要与实际条件，采取具有针对性的教育策略与评价方法，才能使学生进步。现代体育教学改革围绕学生的主体性展开，更加强调学生的主体地位，这也是高校体育教育专业未来的发展方向。

第三章　专业提升
——教师队伍促进现代体育教育专业体系构建

教育的发展需要先从教师队伍的构建开始，只有具备高水平的教师队伍才能产生高质量的教学成果。高校教师具备的素质、拥有的能力、所持的观念等，决定了高校体育教育专业的发展，且高校体育教师的专业素养与专业水平直接影响着学生的学习效果，从大的方面来说，还会影响高校的课程设置、项目设置、办学方向等，所以高校体育教育专业需要持续构建体育教师队伍，增强其实力。

第一节　高校教师专业发展的相关概念

一、教师专业发展的概念

早在 1966 年，联合国教科文组织就在《关于教师地位的建议》中曾经说道："教师工作应被视为一种专业。"之后学界开始引入教师专业化、教师专业发展等相关概念，到目前为止，教师专业化、教师专业发展已经成为教育改革方面的重要课题。以上是理论方面的发展，关于实践方面的发展，"教师是一种专业"已经成为世界范围内认可的观念，教师资格认证制度已经在许多国家确立。

尽管教师专业发展理论与实践取得了一定的成果，但仍然存在某些方面的不足，主要表现为教师专业发展的内涵尚处于一个模糊的状态，"有些学者在借鉴国外研究成果的时候，很少结合教育情境的具体化、总体化理解与转化，还有学者只停留在凭直觉描述的经验状态，经常造成指称对象的差异"①。因此，教师专业发展的内涵有必要得到梳理。

从专业发展的主体来看，教师专业发展中的发展一方面针对的是教师作为

① 刘万海. 教师专业发展：内涵、问题与趋向 [J]. 教育探索，2003(12):103-104.

个体的发展，也称为教师的专业发展；另一方面是指教师作为群体的发展，被称为教师专业的发展。其中，前者重视教师从新手到专家型教师的发展过程，所以其定义为"教师专业发展是指教师个体的专业知识、专业技能、专业情意、专业自主、专业价值观、专业发展意识等方面由低到高，逐渐符合教师专业人员标准的过程"[1]。后者主要关注的是教师作为群体的整体能力的提升，是教师作为一个职业，由不专业到半专业再到专业的发展过程，所以其定义为"从群体的角度看，教师专业发展是指教师这个职业群体符合专业标准的程度，即职业专业化过程"[2]。两个方面相比，教师的个人专业能力更加重要，是教师专业发展的关键，因为只有教师在个人的专业发展中展现出独立、自主的地位，个体的构建才能促进教师群体的专业构建。

综合上述观点，教师专业发展所具备的特点如下：

（1）教师专业发展指的是针对个体的专业发展。教师专业发展的主体一定是单个的教师，教师专业发展促进教师专业能力与个人素质的提高，而通过专业化的实践，教师可以在职业生涯中从新手向熟手，甚至向行业专家领域迈进。

（2）教师专业发展是教师的自主发展，是内因与外因结合发展的结果。一般情况下，教师专业发展的外因取决于政策、制度、培训、理念等外在因素，其为教师专业发展提供相对稳定的大环境。教师专业发展的内因主要是教师提高自己知识及能力的内驱力，是基于自身发展需要而定的。可以说，在教师专业发展过程中，外因充当条件，内因是根本。

（3）教师专业发展指教师持续不断的发展。教师专业发展是一个动态的过程，处于不断提高的状态，并呈现出能力的不断提升，不存在终点一说。

二、教师专业发展的维度与内容

教师专业发展所涵盖的内容较多，是作为一个系统工程而存在的。教师专业发展既包括教师知识的丰富，也包括教师教学技能的提升，另外，教学观念、专业知识与技能等教师教学素质也属于教师专业发展的内容。教师专业发

① 宋广文，魏淑华.论教师专业发展[J].教育研究，2005(7):71.
② 朱旭东，周钧.教师专业发展研究述评[J].中国教育学刊，2007(1):68.

展的维度与内容主要有以下几个方面。

第一，教师专业发展要及时更新教育理念。理念对于教师来说非常重要，对教师专业发展起到了灵魂指引的作用。教师的教育理念属于意识形态领域，指引着教师具体的教学活动及对学生的态度等。教师专业发展需要理念作为支撑，理念"是支撑教师专业发展的基石和可持续发展的动力"①。体育教师的教学理念要随着时代的变化而变化，在意识领域指引其行为上的改变，便于教师不断适应改革背景下的教学目标与任务，并在实践活动中进行创新与发展。

第二，教师专业发展需要不断学习专业知识。文化教育是高校体育教学的重要组成部分，教师的本职工作包括传递给学生文化知识，及时更新自己的文化知识。教师的专业知识主要包括通识性知识、学科专业知识、教育类知识等，这三类知识是支撑教师走向优秀专家的必备条件。通识性知识可以促使教师了解更多的人文知识与自然科学类知识，进一步提升自身人文素养。学科专业知识主要指体育专业学科的知识，这是高校体育教师必备的知识体系。高校体育教师不仅要掌握专业的学科知识，还要不断了解体育学科发展的前沿动态，使自己所教授的内容具有准确性与前沿性。教育类知识是开展教育教学工作的必备知识，只有掌握了一定的教育知识，高校体育教师才更容易利用丰富的方法、手段来与学科知识相结合，才能适应学生的需要与发展。

第三，教师专业发展以提高教师的专业技能为宗旨。教师专业发展与教师技能密切相关，教师技能分为教育教学技能及学科专项技能。教育教学技能主要指教师一般性的教学策略与方法，涉及教师备课、上课、班会等方面的内容，教育教学技能保证了教育教学活动的正常开展。学科专项技能是保障学科教学的专门技能，是教师保证学科教学质量的必要条件。

第四，教师专业发展需要加强教师的实践能力。理论学习的最终目的是服务实践活动。教师需要将自身的教育理念及掌握的专业知识与技能运用到实践当中，使这些知识、理论、技能等在实践中得到很好的验证。要提高教师们的实践能力，除了教师自己在平时的教学活动中有意识地提高外，其还可以通过公开课、微课等方式，同时结合专家的专业指导有针对性地提高自身实践能力。

---

① 余文森. 教师专业发展 [M]. 福州：福建教育出版社，2007:183.

三、教师专业化与教师专业发展

教师专业化与教师专业发展经常一起出现，两者有着紧密的关系。目前，对于两者的关系主要有三种说法：第一种说法认为两者之间没有区别，其在概念上是相通的，认为教师专业发展就是教师专业化的过程。第二种观点认为，教师专业化与教师专业发展是不同的，需要从不同纬度进行考量，即教师专业化需要从社会学角度出发，强调教师专业的提升，而教师专业发展则需要从教育学角度出发，强调的是教师个体专业水平的不断提升。第三种观点认为，教师专业化与教师专业发展之间是整体与部分的关系，教师专业发展是教师专业化的重要组成部分。①

要理清上述两者之间的关系，需要先了解教师专业化的内涵。"从动态的角度来说，教师专业化主要是指教师在严格的专业训练和自身不断主动学习的基础上，逐渐成长为一名专业人员的发展过程；从静态的角度来讲，教师专业化是指教师职业真正成为一种专业，教师成为专业人员得到社会承认这一发展结果"。② 所以教师专业化是一个过程，也是一种结果，需要教师专业能力的不断提高，而这显然离不开教师自己的不断努力。同时，国家、政府、地方、学校也要创造良好的环境来促进教师专业化，使教师职业真正成为一门专业。

从内容上定义，教师专业化指的是教师需要掌握较高的专业知识与专业技能，需要经过较长时间的积淀，需要有较高的职业素养，还需要有进修的意识与不断学习的能力。

从内涵上说，教师专业化强调的是教师专业性的增强，是非专业化向半专业化、专业化、专门职业的发展。教师专业发展则是在肯定教师专门职业属性的前提下，注重教师个人教育、教学能力的提升，其最终目的是促进教师具备更高的专业素养与专业知识，提高业务能力，更好地适应教学岗位。由此可知，教师专业化与教师专业发展所要解决的问题不同，所关注的问题自然也不同。

教师专业化与教师专业发展之间有着紧密的联系，教师队伍的建设需要单

---

① 蒋竞莹.教师专业化及教师专业发展综述 [J].教育探索，2004(4):104-105.

② 同上.

个教师发挥其主观能动性，促进现阶段教师队伍整体素质提升，同时推动教师从业标准与专业地位的提高，逐渐提升教师队伍的质量。所以，教师专业发展是实现教师专业化的基础与关键。教师专业化决定着教师职业的发展方向，但也离不开教师专业发展相关的工作支持。从大的方面来说，教师专业化强调教师是一个专门性的职业，是教师专业发展的先决条件，只有先有了专业人员，才能保证教师专业的发展。从小的方面来说，教师专业化所涉及的专门化知识、职业道德标准、专业自主意识、专业组织等都是教师专业发展的内容，这些内容对教师专业发展起着积极的作用。

四、高校体育教育专业教师

高校体育教育专业教师，也就是承担高校体育教育教学任务的教师，或者是高校体育学科的科任教师，属于高校专门从事体育教学活动的专业人员。与中学、小学的体育教师相比，高校体育教育专业的教师可以分为两类：

第一类是高校的专职体育教师，主要承担高校公共体育课的教学内容及任务，所面向的是公共体育课或者是体育专业的学生，其主要任务是负责体育专业学生的专业课教学及学校运动队的训练工作。这类专职的体育教师往往需要具备较强的教育教学能力。

第二类是高等体育院校中的体育教师，这类教师会担任一些非体育专业公共体育课教学任务。其工作的重点在体育专业学生的训练与比赛上，且相关训练内容占了大部分，所以这类教师充当的主要是教练员的角色。

以上两种类型教师工作内容及侧重点的不同决定了他们专业发展的不同。普通高校体育教师的专业发展，是服务于教育实践的教师专业发展，而体育院校体育教师的专业发展，则服务于专业体育。本书主要是针对高校体育教育专业的发展展开研究，所以这里的高校体育教育专业教师指的是第一类的专职体育教师。

高校体育教师与其他教师一样，既担任日常学生工作与管理工作，还承担着在体育方面对学生进行"传道、授业、解惑"的任务。

关于"传道"，体育教师需要对学生进行思想方面的教育，促进学生养成正确的世界观与道德观，促进其健康体育理念与生活态度的形成。高校体育教师与其他学科教师一样，不仅要教给学生知识，还要对学生的道德、思想、意识进行教育与引导，所以高校体育专业教师的职责从体育开始，到教育终止。

首先，高校体育教师要以一个教育者的身份来观照自我的岗位，需要认识到体育教学过程同样是教育过程，体育教师在教授体育专业知识的同时，还要促进学生个人品格的形成，尤其需要在意志品质、团队精神、集体意识等方面对学生进行积极引导。例如，体育教师组织学生开展篮球比赛，表面上说是关于篮球知识与技能的综合运用，从深层看，其中还有团队协作、团队精神、不屈不挠、集体荣誉等方面的教育元素，所以一场简单的篮球比赛背后传达出的是深刻的教育意义。

其次，高校体育教师要重视学生健康意识与健康习惯的养成。高校体育教师要促使学生养成终身体育观念，而早期可以帮助学生进行体育意识方面的培养活动，使学生养成健康意识与习惯，将被动的"要我运动"，变成主动性较强的"我要运动"，为学生终身体育观念的形成奠定坚实的基础。

"授业、解惑"是高校体育教师教学工作的重点。高校体育教师需要教给学生一定的体育专业知识、体育专业技能、体育卫生保健知识，促进学生体育方面的发展。《义务教育体育与健康课程标准》对体育教学目标作了如下规定：①掌握体育与健康的基础知识、基本技能与方法。②学会学习和锻炼，发展体育与健康实践和创新能力。③体验运动的乐趣和成功，养成体育锻炼的习惯。④发展良好的心理品质、合作与交往能力。⑤提高自觉维护健康的意识，基本形成健康的生活方式和积极进取、乐观开朗的人生态度。尽管高校体育教育专业的教师与中小学的体育教师存在着区别，但在大的任务方面仍然一致。

在以上五大目标中，对学生知识、理论素养的培养是最基础的目标，是最容易达成的目标，一般通过课程教学就能完成。高校体育教师需要向学生传授一些关于体育卫生保健的知识、体育技能，进而鼓励学生积极参加体育运动，为终身体育观念的形成奠定基础。体育教学既要关注体育教学本身，又要超越体育教学，传达终身体育理念，同时当前体育教学为终身体育理念的养成作前期准备。因此，高校体育教师要扮演好"授业、解惑"的角色。

在高校体育发展的早期阶段，体育作为一门边缘学科存在，随之而来的是体育教师在高校职工中处于边缘化的位置，大多数人对体育教师职责的认识处在浅显的层面，未能真正了解体育教师在学生发展中扮演的重要角色。事实上，体育对人的全面发展具有积极的意义，是人进行各项活动的基础性保障。拥有正确的体育理念，坚持开展体育运动，可以促进人身体技能的提升，有利于增强个人的体质，可以带给学生崭新的精神面貌，这是体育学科区别于其他学科的重要意义。

五、高校体育教师专业发展的理论价值与时代价值

对于新时期的学校体育工作，2020年10月，中共中央办公厅、国务院办公厅印发的《关于全面加强和改进新时代学校体育工作的意见》明确指出：学校体育是实现立德树人根本任务、提升学生综合素质的基础性工程，是加快推进教育现代化、建设教育强国和体育强国的重要工作。这是关于新时期学校体育工作的方向性文件，相关精神和要求具有重要的现实意义和深远的影响，为我国学校体育改革和发展指明了方向。具体而言，高校体育教育专业可以在培养理念、培养目标、课程体系、课程内容、教学方式等方面进行改革和创新，为促进青少年身心健康、体魄强健做出更大贡献。高校体育教育专业的发展具有特殊性，而高校体育教师队伍建设又是提高体育专业教学质量的重中之重，因此对高校体育教师专业的研究具有重要的理论价值与时代价值。

（一）高校体育教师专业发展的理论价值

1.有利于丰富与教师专业发展相关的理论

教师专业发展虽然是个普遍性话题，已经不属于新兴研究领域，但针对高校体育教师专业的研究并不多见，一些现有理论并不一定能适应高校体育教师专业的发展。高校体育教师专业发展需结合高校的具体特点与需要，同时重点讨论研究相关内涵、规律、必要性，促进高校教师专业发展理论的扩展与加深，提高高校体育教师的综合素养与教学能力。

2.有利于加深高校体育学科的研究深度

高校体育教师是高校体育教学实践活动的引领者，在体育教学中起着重要作用。高校体育教师同时还承担着优化大学生健康、增强大学生体质、促使大

学生养成良好锻炼习惯、促进学校体育教学发展的重要职责。针对高校体育教师，特别是高校体育教育专业体育教师的研究可以解决高校体育教学中的一些问题，拓展高校体育学科构建中体育教师专业发展研究领域和研究深度，进一步充实高校体育教师的工作。

3. 有利于提升高校体育教师的专业发展水平

当前国内青少年的体质总体呈现下降的趋势，究其原因，既有生活习惯与饮食结构的影响，又有电子产品普及的影响。电子产品的普及使一部分人沉迷其中，锻炼意识变得薄弱。中国青少年的锻炼时间与锻炼强度都呈下滑的趋势，已经引起了国家及社会各界的关注。目前，我国在中小学实施了一系列的政策，如积极推广阳光体育运动，实施"一校一品"工程，旨在促进青少年体质提升。对于高校体育专业的学生来说，身体素质的提升是必需的，而最直接、最有效的提升体质的方法就是参加体育课。体育教师作为促进学生身体素质提升的第一责任人，其专业素养的高低，直接影响着高校体育课的教学质量。所以，促进体育教学质量的提高，改善大学生的整体体质，需要依靠专业的体育教师队伍。针对高校体育教师专业发展的相关研究，其目的是推动高校体育教育专业的发展，为高校推进教师专业发展提供一些参考性事例，促进体育教师队伍的建设，带动体育教学质量稳步提升。

（二）高校体育教师专业发展的时代价值

1. 高校体育教师专业发展有助于提升体育教师自身的业务能力

教师的专业发展是高校教学质量提升、可持续发展战略实施的动力，因此应大力促进体育教师自身业务的提升，而体育教师的业务能力直接影响着体育专业的构建与高校的办学质量。

从小的方面来说，高校体育教师的综合素质会直接影响体育课的质量。综合素质主要表现为体育教师的教育观念、专业素养、言谈举止等，这些因素直接决定着学生对体育课的兴趣度与满意度。

从大的方面来看，高校体育教师对阳光体育运动的开展及提高大学生的身体素质都有重要的影响。从现实状况看，高校体育教师存在专业素养不足的情况，有些体育教师是从运动员直接转型成为体育教师的，因此专业化程度偏低，没有成为体育教育者的专业背景与实践经验，缺乏教学技巧，可能擅长比赛与训练，但在体育课堂教学方面处于劣势地位。

加强高校体育教师的专业素养构建、增强高校体育教师的实践能力是提升高校体育教育水平较为现实的方法。当然，教师专业发展并不能彻底改变高校的现状，但确实可以提高高校体育教师的综合素质，提高教学质量，可以促进高校体育教师教育技能、运动技能的提升，益于打造高质量的高校体育课程。

2.高校体育教师专业发展有助于高校体育教学质量的提升

高校教学质量的高低直接决定着办学质量，因此对教学质量的优化成为了高校提高学校人才质量的关键。当今时代，在经济高速发展与高等教育普及等大背景下，高等教育迎来了新的发展阶段，新的时代要求培养新的人才，高校教育开创了分类发展培养人才的模式，有的高校针对这一人才培养模式提出了应用型人才培养计划。应用型人才培养计划的提出，促使高校制定了相应的政策，而应用型人才的培养需要教师专业发展的支持。

高校在一定程度上代表着国家与地区的创新与科研能力，高校所承担的任务不仅包括为社会输送高素质人才，还包括为经济发展与科技创新提供强有力的支持。因此，高校应提高自身综合实力。高校的办学质量与办学特色是其综合实力的重要体现，而高校的办学质量与办学特色需要通过高校教师的综合素质来体现。教师的综合素质不仅包括专业知识的积累，还包括各项素质的积累。高校要提升教学质量，必须构建一支高水平、高素质的教师队伍。

教师专业发展水平直接表现在教学质量上。体育教育领域不仅强调体育教育专业学生的主体性地位，还强调体育教师的综合素质。近年来，国家高度重视青少年的健康状况，不断开展阳光教育，确保体育教学的顺利开展，其中，提高体育教学质量是重点。高质量教学意味着体育专业可以培养出更多符合未来中小学发展的优秀体育教师，可以培养出更多合格的社会主义建设者。体育教师专业发展促进专业理念的形成，促进专业知识的丰富，促进专业技能的提升，益于不断创新体育教学模式，更好地促进学生的发展。

综上所述，高校体育教师专业发展可以促进高校体育教育专业教师的全方位提高，有助于体育教师各项能力的优化，也促使体育教学朝着高质量、高效率的方向发展。

第二节　高校体育教师专业发展的现代构建

一、高校体育教师专业标准

高校体育教师专业标准指的是教师专业标准在体育学科中的运用，是教师专业标准的具体化。因此，依据教师专业标准给出以下关于高校体育教师专业标准的定义："由国家权威教育行政机构依据相应的教育政策与法规颁布的，对体育教师作为专业人员的各种结构要素的基本规定，是指导和衡量体育教师队伍在职前、入职和职后三个阶段专业发展的基本准则和重要依据。"[1]

（一）高校体育教师教育课程标准的统一

目前，我国有关体育教师职前、入职以及职后的培训课程，都存在着多样化与差异性特点。这些课程包括理论课程、实践课程、综合课程、活动课程等多种形式。但目前的最大问题是体育教师专业发展相关课程存在差异，缺乏共性，而这种现状对体育教师的培养与能力的提升产生了不利影响，在一定程度上导致了高校体育教师质量的不同。

在体育教师职后阶段，相关课程设置较随意，各地区的情况不同，所设置的培训课程标准不一、千差万别，因此高校体育教师培训需要一个统一的体育教师教育课程标准，而在统一标准的指引下，相关课程则会走向统一化、科学化、系统化，以便于促进高校体育教师的专业发展，提升高校体育教师的综合素质。

2011 年教育部颁布的《教师教育课程标准（试行）》，针对教师教育课程制定了统一的标准，主要表现在基本理念、课程目标、课程设置、实施建议这四个方面。《教师教育课程标准（试行）》突出了"以人为本""实践取向""终身学习"三大理念，这三大理念指引着教师教育的走向。《教师教育课程标准

---

① 陈志丹. 体育教师专业发展的实然分析与应然研究 [M]. 北京：科学技术文献出版社，2017:63.

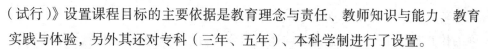

（试行）》设置课程目标的主要依据是教育理念与责任、教师知识与能力、教育实践与体验，另外其还对专科（三年、五年）、本科学制进行了设置。

作为教师教育课程的组成部分，体育教师教育课程标准应以《教师教育课程标准（试行）》为依据，并在这个框架内进行有针对性的学科细化。

首先，体育教师教育课程标准的基本理念要体现"健康第一"的指导思想，即体育教师教育课程标准的设置是为了更好地培养和培训教师，但其终极目标是帮助教师更好地促进学生的身心健康发展。

其次，对于教师教育课程标准的定位，要坚持"师范性"与"学术性"相结合的原则，根据基础教育体育课程改革的要求和体育教师专业发展的需要细化课程目标，提升目标的针对性。

再次，对于课程结构，要力图改变目前体育教师教育课程设置中重视技能课程、轻视教育类课程的倾向，强化体育教育类的专业课程，体现课程的综合性，而不仅仅只是促进体育类课程和教育类课程简单糅合。

最后，对于体育教师教育的课程内容，要考虑与基础教育体育课程改革相联系，体现课程内容的综合性、实用性、时代性、实践性、可操作性等特征。在设置体育教师教育课程标准的基础之上，要组织专业协会或者专家组定期对国内教师培养与培训院校进行监督与检查，并及时听取不同单位的反馈意见，指导不同单位在小范围内进行有针对性的调整。但需要指出的是，目前我们所提及的体育教师教育课程标准主要是针对教育类课程，以提高学习者的教育教学能力为主。

（二）高校体育教师专业标准制定的迫切性

高校体育教师具有多重身份，在家庭中是父母、儿女，在社会中是公民，在学校则是受学生尊重、爱戴的教师等。体育教师的专业性主要表现在其内在的专业特性上，而要真正实现其内在特性，则其需要不断进行实践。

要促进体育教师专业发展，其身份就需要获得认同，但一直没有一套衡量体育教师专业身份的标准。从目前来看，衡量体育教师专业身份的标准主要从运动训练的角度切入，即查看体育教师是否具有较高的素质，是否具有良好的运动技能，是否为社会培养了合格的体育人才，在从教生涯中是否为学校带来了荣誉，等等，但是对高校体育教师的专业素质却很少问津，由此可以看出我国的体育教学工作还存在诸多问题。当今社会，学生整体身体素质有所下降，而我国虽然也在推行体育课程、健康课程，但收效甚微。很显然这一问题与高校体育教学开展情况有直接的关系，而体育教学的开展又与体育教师的专业发展有关。所以，当前的重点是构建相对合理的教师专业发展标准，激励广大高校体育教师不断发展自身的能力，逐渐促进体育教师整体师资优化。

《关于全面加强和改进新时代学校体育工作的意见》中说到，要推进高校体育教育专业人才培养模式改革，完善体育教师岗位评价；该意见还指出，要不断深化教学改革，要加强体育课程和教学体系的建设，而学校体育课程注重大中小幼相衔接，聚焦提升学生的核心素养。

体育课程在不断的改革中，推进了教师角色的转换，教师由之前的执行者、传授者、管理者、仲裁者、教书匠变为了决策者、指导者、组织者、促进者、研究者等，可以说体育课程的改革加快了教师角色的转变，而体育新课程的实施，离不开体育教师专业标准的构建，且其在构建的过程中要渗透教师角色的转化。从国家近几年关于教师的政策文件来看，教师专业标准的构建是一项重要的工作，体育教师专业标准作为教师专业标准的一个组成部分，具有重要的意义。教师专业标准的构建符合时代发展的潮流，也是教师队伍建设的客观要求。

（三）高校体育教师专业标准的核心地位

高校体育教师专业标准的核心地位主要表现在以下几个方面。

1.高校体育教师专业标准的对象是高校体育教师

高校体育教师教育标准主要包括高校体育教师专业标准、高校体育教师教育课程标准、高校体育教师教育机构认证标准、高校体育教师教育质量评估标准。这四个方面的服务对象对应的是体育教师、体育课程、体育教师认证机构、整个体育教师教育。在这四个方面中，体育教师专业标准无疑是最重要的标准，是针对体育教师专业素养的最基本的要求，其他标准是在该标准的基础上建立起来的。其他标准是整个体育教师教育标准的外延，对体育教师专业发展起着重要的影响作用。

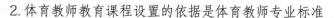

2.体育教师教育课程设置的依据是体育教师专业标准

高校体育教师教育课程标准主要体现的是国家对高校体育课程设置的规定，是高校根据实际情况，制定课程方案、开发教材、开发课程资源、开展教学、开展教学评价的重要依据。可以说，体育教师专业标准决定着高校体育教师教育类课程的设置。体育教师的教育理念也需要专业标准来规定。专业标准的构建可使教师发展更加规范，减少盲目与随意。

3.体育教师教育机构认证的标准是依照体育教师专业标准制定的

高校体育教师教育机构主要分为职前、职后两大类，这两大机构的基础资质与质量决定着所培养的体育教师的质量。早期的职前教育机构主要以师范类大学的体育院校与专业类的体育院校为主。21世纪，国家开始了开放性教师教育体系的构建，而实际综合性大学也纷纷加入教师培养队伍。一些体育院校实现了专科向本科的迈进，一些公共体育教学部开始设置体育教师教育专业来培养专业的体育教师。对于职后教育机构来说，因为标准的缺失，广大教师团队对其培训质量存疑，所以很多教师将职后教育的培训机构定义为"外出休闲娱乐放松"的地方。因此，构建体育教师教育机构标准迫在眉睫，只有不断构建体育教师教育机构的认证标准，才能使职后培训机构朝着教师专业发展之路构建。

4.体育教师教育质量评估标准需要体育教师专业标准的支持

体育教师教育质量评估是对体育教师教育效果好坏的评价，决定体育教师教育效果的主要是教师队伍的建设。体育教师职前教育需要高校体育教师专业标准的引导，而且其在入职之后需要相应的标准来加以约束与引导，因此体育教师的素质提升直接受体育教师专业标准的影响。应该强调的是，不同阶段体育教师的专业标准是不同的，而且侧重点也不同。提升体育教育质量目标可以通过明确体育教师专业标准的内涵与要求，有针对性地制定培养目标，提升体育教师的整体素质来实现。

二、体育教师专业发展的组成

（一）体育教师专业发展的基础系统

体育教师专业发展基础系统指的是体育教师必须具备的体育专业知识系

统，主要涉及本体性知识、条件性知识、实践性知识。这些都是处在基础地位的知识，是体育教师必须具备的知识，是将体育教师当作一门专业来规定的知识。

所谓本体性知识，指的是体育教师所具备的特定的体育专业知识，主要包括体育科学基础理论知识、体育专业教育技术理论知识、体育专业技术理论知识。体育活动是围绕本体性知识开展的，对体育教师的最终考核依据的也是其对本体性知识的掌握情况，所以要成为一名合格的体育教师，任何人都需要掌握足够的本体性知识。

所谓条件性知识，指的是与体育教学活动相关的知识，如教育学、心理学、教育心理学等学科的知识。在教学过程中，教师需要通过一定的教学方法将自身的知识转化为学生可以理解的知识，教育学、心理学、教育心理学等知识在这一过程中起着积极的作用，使用这些方法和手段对教师教学具有积极的影响。体育教师只有拥有了条件性知识，才能创设良好的教学氛围，才能调动学生的积极性，才能使学生找到适合自己的学习状态，促进学生对知识的学习。

实践性知识，即实践过程中运用的知识。在体育教学实践中，体育教师的实践性知识很关键。实践性知识的意义在于，可以很好地解决教育教学活动中的问题，尤其是有冲突的问题。有经验的教师可以运用自己的实践性知识，结合自身经验，创新性地实施体育课堂教学。体育教学除了教授理论知识外，多是户外运动，且活动范围较广、上课形式灵活多变，所以会格外强调体育教师的实践性知识。

（二）体育教师专业发展的保证系统

体育教师专业发展的保证系统包括高校体育教师的师德、心理品质等。师德是作为一名合格的教师必须具备的美德。高尚的师德可以促使教师在教学活动中形成较为稳定的道德观念与行为规范，可以使教师养成良好的道德素质，可以指导教师的行为。新时代高校体育教师应该具备的素养包括爱岗敬业、热爱学生、严谨治学、为人师表等，且其需要具备师德，为广大学生作出表率。教师还需要具备良好的心理品质，这些心理品质主要包括：①兴趣。兴趣指体育教师对学校体育工作的热爱程度，既是教师需要具备的条件之一，也是事业心建立与巩固的前提。②情感。情感指的是体育教师对学生的感染或感情，学生可能通过教师的一个眼神或一个表情而产生对课程的热爱，而更高的层次是通过教师对学生的影响，使学生产生共鸣，形成师生间的良好互动。③意志。教师需要有对教学的坚守，需要具备坚强的意志，主要表现为体育教师实现教育目标的坚定性、自觉性，而在具体的教学实践中，其需要对突发事件快速作出决定，还要克服自我不良情绪，拥有百折不挠的毅力。④健康。健康的体魄是体育教师必备的素养，同时体育教师需要为广大学生树立良好的形象，需要有广博的知识、健康的体魄、较强的运动能力及良好的带头示范作用，这样才能鼓励学生开展体育运动，督促学生形成良好的体育意识，将体育锻炼融入日常生活与学习之中。

（三）体育教师专业发展的动力系统

体育教师专业发展的动力系统主要为体育教师行为的不断改进提供动力与力量，而此动力与力量主要来源于教师自身的素质及能力，主要表现为教师的人生目标、兴趣、爱好、价值观等。体育教师专业发展的动力系统主要分为内部动力与外部动力，其中内部动力主要指促进体育教师专业发展的各项要求。在经济不断发展与教学改革不断推进的今天，体育教师可以通过终身学习的观念来不断完善自我，不断提高自身的能力，只有这样才能保证教师专业水平不断提升，才能促使体育教师专业发展走上良性之路。外在动力主要包括与体育教师外在行为生成相关的环境因素，如当前社会大环境对体育教育教学的重视程度、体育教师的社会地位、体育教师的待遇及体育教师的工作环境等。

（四）体育教师专业发展的效益系统

体育教师的专业发展最终通过学生来展现，具体表现为体育教师通过培养社会主义建设所需合格人才来实现自身专业发展的效益价值。对于高校体育教育专业的教师来说，只有培养出综合素质较高的体育教师，其才能进一步推动体育教学的进展。

第三节　高校体育教师专业发展策略

一、教学反思

经常反思可以促进体育教师反观自我行为与观念，弥补不足，逐渐提高职业素养。体育教师专业发展需要体育教师进行专业反思，其策略主要有体育教育叙事、体育教学研讨活动及自身专业水平的提高。

（一）体育教育叙事

教育叙事，即讲有关教育的故事。它是教育主体叙述教育教学中的真实情境的过程，其实质是通过讲述教育故事，体悟教育真谛的一种研究方法。教育叙事不是为讲故事而讲故事，而是通过讲述教育故事展开对现象的思索、对问题的研究，是一个将客观过程、真实体验、主观阐释有机融为一体的一种教育经验的发现和揭示过程。体育教学活动虽然涉及技能类的教学，但仍然可以通过体育教育叙事的方式来进行反思。

（1）要对体育课的成功之处进行反思，即通过反思成功的经验来提升教学能力，通过反思将有益的尝试逐渐转化为理性认识，用来指导之后的体育教学活动，并以此来提高自身的教学能力。

（2）要对教学过程中的不足进行反思，记录下教学活动中不好的体验，如导致学生积极性不高的原因是什么，导致学生学习效果不佳的原因是什么。除了对原因的反思，教师还要对教学活动发生的过程与背景进行反思，这样在之后的教学中遇到相似的场景就可以利用自我的经验进行处理，以避免犯同样的错误，将教学活动推向一个新的发展阶段。

（3）要反思对学生自我处理突发事件能力的培养。例如，在体育比赛中处理班与班之间冲突的是裁判，因此需要锻炼学生的裁判能力。裁判员在比赛中的地位很重要，如果裁判员不能公平裁判，没有很好地把握尺度，就会造成赛场的混乱，引发不必要的争端，因此高校体育专业教师应该培养学生的裁判能力，让学生从基础的记录员做起，在熟悉比赛的各项规则之后，再担任副裁、主裁，经过一步步选拔与培训促使学生真正成为一名合格的裁判人员。但如果是裁判故意犯规，教师则需要对裁判加强思想道德方面的教育，强化针对学生的道德培养，另外只有将学生放在实践当中，才能在具体事例中促使学生依靠自我知识储备来解决实际问题，达到学以致用的目的。

（4）对教材及体育器材教学的反思。主要包括把握教材的重点与难点；及时纠正学生的错误动作，争取规范动作；创造性地制作运动器材；对平时的教法进行反思。除了上述几点，教师还可以利用平时上课时间，及时总结教学经验，不断摸索教学规律，创造性地开发动作或创新体育器材，这样可以使反思结果很好地为之后的实践服务，进而形成一个良好的循环模式。

（5）根据学生的上课反应进行反思。具体表现为，通过观察学生的上课态度来观察学生对课程的兴趣。如果学生感兴趣，其则会在教学过程中表现出积极配合的态度，相反，学生如果对教学内容不喜欢，则会表现出兴趣度不高的态度，这个时候体育教师就需要对自己的教学活动进行反思，及时调整教学策略，以达到改进教学效果的目的。教师的上课方式、教学内容、教学步骤、分组情况等，这些都会影响学生的兴趣。在分组的时候，教师需要充分考虑学生的性别、运动能力，还有学生的社交能力，具体对于一些田径项目，可以将男生、女生进行分别分组，另外在考察的时候，教师还要将水平相近的学生分为一组进行比赛，这样有利于学生发挥其实际水平。在比赛的过程中，教师如果安排得当的话，学生会在比赛中产生前所未有的兴趣，也会沉浸在教学中，最终促成良好的教学成果。

（6）善于发现学生的创新点来进行反思。教师在教学过程中要发现学生的闪光点，善于记录学生在教学过程中的新方法、新思路、新见解，帮助自己集思广益。同时，教师也可以将自己的创新性运动项目以具体的实践与教学融合在一起，并让学生参与其中，这样有助于体育教师创意教学的研发与生成。另外，教师还要留意学生在教学过程中产生的疑惑，据此来进行相应的教学设计。比如，在排球比赛中，教师可以针对学生的个体优势来进行有计划的安排，具体对于一些个子高的学生或是弹跳素质好的学生，其可以安排他们练习扣球或吊球过网；对于个子矮的学生，其可以安排他们练习单手握拳顶球过网。

（7）对教学过程中的现象或困惑及时进行反思，同时可以借助学生对体育教师的综合评价来作出相应的反思。这里经常会产生一种现象：有相当大一部分学生会给要求不严格的教师打高分，主要原因是体育教师承诺给学生打高分作为回报，这样就导致了教育的不公平，同时使很多体育教师滋生了不端正的教学态度，进而影响教学积极性。那么，促进学生对体育教师进行客观公正的评价就成了当前教学中的一个重要工作。要改变这一现状可以采取的措施包括在思想观念上对学生进行整体教育，帮助学生树立正确的打分观。实际可以选取班里较为优秀的部分学生进行打分，因为这部分学生的平时成绩相对稳定，对教师可以采取客观、公正的态度。另外还要对教师的评分标准进行统一，而其统一表现在平时成绩和考试成绩都有较为统一的评分细则与科学规划。传统的由体育任课教师给学生打分的状况要有所改变，并且应当颁布新的体育成绩评价方案便于综合评价每一位学生的成绩。对体育教师上课质量作出客观公正评价的前提是对学生进行客观公正的评分，也只有这样才能彻底改变教师的上课质量评价标准体系。

（二）体育教学研讨活动

随着体育教学改革不断推进，其深度、力度也不断增强。现代学者将反思看作一种积极的社会实践活动，因为反思是促进教师个人化信念生成的一个基本要素。体育教师只有拥有坚定的信念，才能更好地指导自己的教学行为，才能设计符合学生兴趣的教学内容，更好地促进教学成果的生成。对于高校体育教师来说，体育教学研讨活动就是提高自身反思能力的一个最佳策略。就目前高校教学活动来说，教学研讨活动是必不可少的，而加强高校体育教学研讨活动的方法主要有三种。

第一，体育教师可以开展小规模的探讨活动，主要围绕一个主题来展开相应的讨论，并针对具体教学活动中出现的问题进行讨论，制定出相应的对策及解决方案，促进教学活动向前推进。

第二，采用听课的方式。体育教师应该经常听其他教师，特别是优秀教师的教学课程。通过他人的教学活动来反观自己的教学，从而形成反思，达到取长补短的目的，不断提高自己的业务水平。

第三，参加评课。现在的体育评课模式一般由三部分人员组成，即专家型教师、经验型教师以及新教师。三部分教师应在听课之前对所讲授的内容进行充分的了解，之后认真观察授课老师的教学活动，待体育课结束之后，由听课教师进行评课，评课的顺序首先是新教师，其次是经验型教师，最后是专家型教师。如此设定顺序是为了让每一部分教师都有发表意见的机会。新教师首先发表意见可以不受专家型教师意见的左右，更好地表达自己的观点。评课的内容主要包括：本节课的优点、本节课需要改进的地方、评课人的设想。在评课的过程中，授课教师可以针对评课教师提出的相应问题进行解答，与评课教师积极探讨。同时，授课教师要做好全面的评课记录，使其成为自我反思的一部分。评课可以给体育任课教师提供更好的发展空间，能促使授课教师积极反思自我教学过程，同时参加评课的教师也能从这些教学经验中得到有益的启示，从而更好地促进体育教学事业向前推进。

（三）自身专业水平的提高可助力教学反思

体育教师教学反思水平的提高还可以通过提升自身的专业水平来实现。一般来说，要提升教师的专业水平需要从以下几个方面努力。

其一，体育教师要不断更新自我知识结构，不断深入掌握体育学科相关的知识与技能。现代社会的快节奏，促使与高校体育相关的知识结构的更新速度越来越快，所以现代体育教师也需要有动态化的知识更新意识，需要不断对自我知识进行补充、更新。高校体育教师更新知识需要依据当前体育学科发展的动向、学生的需要、信息项目等来进行。另外，体育教师还应该定期参加培训，通过短期的培训及学历进修来实现理论与技能方面的提升。

其二，高校体育教师要不断加强条件性知识的补充。所谓条件性知识，指的是教育学、心理学、教育心理学方面的知识。体育教师需要将这些条件性知识运用到现实体育教学中，并且贯穿在教学活动的始末，在潜移默化中指导学生，完成相关的体育教学任务。

其三，高校体育教师要不断加强一般性知识的补充。体育教师不仅向学生传授体育运动方面的技巧与知识，还充当着体育文化传播者的角色。可以说一名好的体育教师，在教会学生基本动作技能、良好体育习惯的同时，还要传授学生体育文化，培养学生综合能力。所以，体育教师需要不断获得一般性知识，以扩充自身的知识体系。

二、成长为专家型体育教师

新手体育教师需要不断提高自身的专业素养，掌握更多的教学能力，提高教育机智，体育教师的专业素养越高，其教学成果越好，也就越接近专家型体育教师。要想成为专家型体育教师，需要做到以下几点。

（一）树立终身学习理念，不断改善自身的教育专业素质

在职业实践中，体育教师需要将体育学习研究当作自我的终身目标来贯彻。在目前的体育教学中，许多体育教师游离于体育教育研究之外，在教学上表现为被动性与盲从性，但体育教师显然有必要主动参与教学与研究，以审美的心态来确定生命的价值与意义。体育教师要想成为专家型体育教师，需要发挥自我的主观能动性，不断提高自身的教学水平，通过终身教育的理念来取得与时代的共同进步；要学会教学，通过不断提高自身的教学水平来提升教学质量。在当今时代的快节奏下，体育教师需要不断提升自我的信念与能力，自觉投身到体育学科构建上，通过积极尝试新的手段与方式来提高学生的综合能力。体育教师只有主动起来，其职业才具有活力，其课堂的氛围才会活跃。从当前体育教学的现状来看，体育教师可以在终身学习理念指引下持续参与体育科研活动，以促进自身专业的发展，最终成长为专家型的体育教师。成为专家型体育教师对体育教学及体育专业的发展有以下积极作用。

其一，在教学实践与教学研究中，体育教师积极参与体育学科的构建与发展，积极进行体育教学研究，可以有效促进体育专业的发展，也能促进其自身成长为专家型的体育教师。

其二，专家型体育教师在知识与技能上有着较大的优势，在拥有本体性知识的同时还具有条件性知识，在现实的教学活动中能对知识、技能等进行总结，提高对体育教育专业的认识。

其三，专家型体育教师通过相关的体育教研活动，能促进自身内在动力的发展，促使自身的能力不断提升，同时增进自我学习、自我发展的需要，为以后持续发展增添不竭的动力源泉。

其四，专家型体育教师能洞悉时代发展与体育之间的关系，及时了解体育教育专业的科研成果，同时更新旧有观念，提升自己的教育理念，将知识经过教学实践转化为自我的智慧，从而使其成为培养自身能力的源泉。能力的提高包括学科知识、教育理论、现代信息技术等方面的提高，教师需将这些知识与技术生动融合在一起，不断提高自身驾驭课堂的能力，在教学中不断提高自己的兴趣及自信，努力将自己打造成学科方面的专业人士，为学科的进一步发展奠定基础。

（二）建立完善的体育师资培训体系是保证

体育教师的专业发展是一个过程，而其在成长为专家型体育教师的过程中需要有一定的调节机制、有一定完善的管理制度与措施，以真正促进体育教师职业的发展。那么这个能够促进教师专业成熟的机制应该包括哪些方面呢？根据终身教育思想和教师职业生涯的研究成果，教师个体的成长是终身职业社会化的过程，在不同的阶段有着不同的职业发展需求。从教师个体发展的历程来看，应针对教师个体专业发展的需要，设计一体化的教育内容。由于传统的体育师资培训存在种种弊端，因此应不断完善师资培训体系。

为了体育教师专业的发展，尤其要加强针对教师的入职教育和在职培训，就是以终身教育思想为指导，根据教师专业发展的理论，对教师职前培养、入职教育和在职培训进行全程规划设计，建立起教师教育各个阶段相互衔接、既各有侧重又有内在联系的体育师范教育体系。体育师范教育并不仅限于职前的师资培养阶段，而应一直延伸到体育教师专业生涯的各个阶段。体育师范教育应为体育教师专业发展的全过程提供支持，至少包括三个连续的阶段，即职前培养、入职教育和在职培训。①职前培养阶段。这是对师范生进行教师职业定向型素质教育的过程。它为学生毕业后从事体育教师职业奠定必要的专业成长和可持续发展基础，将学生培养成一名准教师。它的教学内容应包括通识教育、学科专业教育和教师专业教育，而它所追求的就是向教育认知结构、专业精神和教育能力目标演进。②入职教育阶段。这一阶段的时间跨度为新教师到岗起1～3年，这一阶段的目标是帮助师范生从准教师转变为合格的体育教师。这一阶段是我国体育教师职业素养形成过程中曾经被忽视的一个阶段，需要对其培养模式和内容给予关注；这一阶段的教育内容侧重于帮助新教师增加对体育教师职业的热爱，促使他们将各种体育教学理论知识与教育教学实践结合起来，逐步熟悉掌握体育教育教学的规律。③在职培训阶段。目前我国已开始重视这一阶段的教育，这个阶段要根据体育教师专业发展的不同阶段，有针对性地开展各种培训活动。例如，对已熟练驾驭课堂但又不安于现状，有意通过改革和实验来提高自己教育教学能力的体育教师来讲，他们最需要的是教育研究与实验的科学方法、现代化教育学科发展的新进展等。所以，可以通过鼓励相关体育教师攻读硕士学位、参加专业学术研究会及骨干教师进修等，满足其提高的要求，锻炼他们继续学习和研究的能力。

总之，体育教师专业发展是一个漫长的、动态的、纵贯其生涯的历程，是波浪式发展的过程，是体育教师不断超越自我和发展自我的历程。在当前素质教育的时代背景下，体育教师要与时俱进，在完善的体育师资培训体系下，通过大力参与体育教育科研活动，更快地适应体育教师的专业性角色，并最终成长为专家型、研究型体育教师。

三、加强美育教育

人类在长期的劳动过程中，发挥自己的主观能动性，用自己的智慧与善于发现美的眼睛去发现并创造了生动的美。在体育教学中，体育教师需要营造适合体育教学的美的教学环境，引导学生去感受美、欣赏美、表现美。体育的美还来自体育本身，包括体育的形体美、运动美、曲线美、精神美等，所以教师在体育教学过程中要对学生实施审美教育，使学生拥有审美情操、意识、方法，提高对美的鉴赏能力，同时促使学生将接受的美的教育运用在身体锻炼上，开启美的历程。

（一）体育教育中的美育理论依据

古代的六艺指的是"礼""乐""射""御""书""数"，其中的"射""御"

都包含体育运动因素，"乐"指的是美育。古代的六艺是对人才全面发展的要求，其中各个方面又是同时发展的，旨在促进人才素质的全面提升。现代体育教育以促进个体的身心发展为主要目的，积极推动人的全面发展，努力达到真善美统一的目的。可以说，体育教育的最终目的是培养合格的社会公民。体育美育的任务是教育者根据美的规律来进行启发，以一种明显的、鲜明的、生动的形象来表现体育的美学，使体育教育中的美育得到凸显。由于美育的最终目标是培养具有审美能力的人，而体育教育的目的是培养身体与心理健康的人才，两者进行统一则实现了身体、心理、审美上的统一。

（二）体育教育中的美育

体育教育中的美育指的是在体育教育过程中，通过规范化、统一化的管理，呈现出诸如队形整齐、服装得体、行为规范等形象美，并且在管理的过程中，体育教学还会传达出遵纪守法、阳光积极、作风淳朴等美好的思想，构建一支具有积极团队精神的队伍，呈现出体育的美。

首先，体育教育中美育的渗透表现为对身体美的渗透。身体美首先是健康的美，包括体格健康、体型匀称、体态优美，其次是身体各部分协调、匀称，呈现出自然美的状态。自然美的表现有很多种，其中包括匀称美、强壮美、健康美、生命美等身体美。

其次，体育教育中美育的渗透表现对为精神美的渗透。体育教育是一项长期的工程，需要几代人去共同构建。因此，教师要树立起积极的心态，在体育教学过程中表现出进取、积极、合作、团队等方面的特征，不断地挑战一些有难度的运动与技能，呈现运动的精神美。在具体的教学过程中，教师既需要教会学生基本的技能，又要鼓励学生树立敢于尝试与战胜困难的决心，如在个人项目中，能够自主完成一些较有难度的动作或较大负荷量的运动，在集体项目中，可以通过团队协作获得成功并与大家一起分享胜利的喜悦，同时在遇到困难的时候能够相互鼓励，不轻易言败。所以，美育的精神美主要体现为集体主义精神，旨在培养学生的集体主义意识与良好的品质。

第四章　能力培养
——培养模式参与现代体育教育专业人才构建

第一节 "体教融合"模式构建

体教融合模式构建的主体单位是学校,主要采取体育部门与教育部门分项合作、职责明确的方式来实现双方的资源共享。体教融合的模式不仅促进了高校体育人才综合素质的提升,还满足了教育、体育方面对人才的需求,是一项双赢的举措。体教融合模式经过多年的实践,已经摸索出了适合教育体系与体育体系发展的道路,即在充分利用双方资源的基础上达到资源的优化配置,构建一支高水平、高技能的人才队伍。

一、从体教结合到体教融合

体教结合模式形成于 20 世纪 80 年代,经过几十年的实践,已经积累了大量的经验,具体的结合模式也在不断丰富之中。从行政管理方面看,体教结合模式可以促进体育教学朝着良好的方向发展;从高校发展看,体教结合模式是高校体育教育的一个重要途径,有利于学生各方面素质的提升;从运动员方面看,体教结合模式可以促进体育人员在接受系统训练的同时获得全面知识,实现知识与技能的全面发展。

2020 年,中央全面深化改革委员会第十三次会议审议通过了《关于深化体教融合促进青少年健康发展的意见》(以下简称《意见》)。《意见》指出:"深化体教融合促进青少年健康发展,要树立健康第一的教育理念,推动青少年文化学习和体育锻炼协调发展,加强学校体育工作,完善青少年体育赛事体系,帮助学生在体育锻炼中享受乐趣、增强体质、健全人格、锻炼意志,培养德智体美劳全面发展的社会主义建设者和接班人。"其中的一大亮点是由体教结合模式向体教融合模式转变,即更强调学生身心的和谐发展。

二、体教融合模式的内涵

体教融合即体育与教育的结合,"体"指的是体育管理部门,"教"指的是教育管理部门，两大部门的结合可以实现资源的整合，将部门之间的优势凸显出来，经过强强联合，最终培养出合格的人才。

首先，体教融合表现为体育部门与教育部门的强强联合。要为社会培养出符合时代发展的人才，需要两大部门的共同努力。教育部门的主要优势在于其文化教育及人才资源充足，体育部门的主要优势则在于具有专业的教练，且这些教练一般具有过硬的技能和良好的体育素养，两大优势结合便实现了知识与技能方面的双向提升。可以说，体教融合的模式充分发挥了教育、体育部门的优势，为高校进一步培养合格的人才奠定了基础。

其次，体教融合表现为体育运动与高校的结合。"体"从字面意思分析就是体育，"教"则是教书育人的地方——学校。体育与教育之间的关系是密切的，体育是教育培养的一个手段，可以促进人的全面发展，而教育可以促进体育人才文化水平的提升，为其取得优异成绩打下前期的理论与心理承受基础。

再次，体教融合表现为体育训练与文化教育的结合。这一维度是针对我国传统的体育教学模式而提出的。传统的体育教学注重体育运动，认为文化知识学习不重要，因此出现了不平衡的发展。尤其我国加入 WTO 之后，与世界的关系不断密切，体育方面的赛事也不断参与，所培养的体育人才的竞技成绩与整体素质都需要提升，若盲目训练而缺乏科学规划，势必导致问题凸显。在这样的大环境下，体教融合强调在提升学生基本体育技能的同时，提升学生的文化素养，这符合我国关于人才全面发展的规划，有利于培养全面发展的优秀人才。

最后，体教融合表现为学校人文精神与奥运精神的结合。高校体育教育专业培养，旨在帮助学生养成良好的运动习惯，培养学生拼搏进取、吃苦耐劳的优秀品质。奥运精神自产生以来就得到了世界范围内的认可，可以说奥运精神代表着体育精神，其中"更快、更高、更强"更是体育精神的典型体现，也是体育运动追求的目标与方向。在一定程度上，体教融合是人文精神与奥运精神的结合，其围绕"以人为本"的理念展开，且在坚持科学发展观的基础上，确立高校高水平人才成长培养体系，有利于我国体育事业向前发展。

三、体教融合模式的主要特征

（一）教育与体育相结合

目前，世界上发达国家主要通过学校教育培养体育人才，如美国、日本、加拿大等国家始终将育人当作主线贯穿在教学活动中，其不仅制定了相应的学习与训练制度，还对学生的生活进行了规范，关注学生道德上的提高和心灵上的进步，以促使学生实现"身心双修"的目的。我国高校体育教育专业的学生不仅有训练上的压力，还有学习上的压力，这些都促进其生成了清晰的人生目标，从而更加主动地投入到了文化知识学习和运动中。

（二）促使高校与中学的关系更加紧密

高校的体育专业学生主要来自中学，可以说，中学是大学的前期准备阶段，若学生在中学时就注重系统地学习与掌握科学锻炼方法，则可为其在高校的进一步提升打下坚实的基础。体教融合将体育当作一个贯穿人一生的项目进行优化，学生中学期间基础打得好，到了大学阶段便能接受更大的挑战，实现从中学到大学的无缝衔接，大大节约教育培养成本。

（三）选拔、输送实现一体化

从中学选拔上来的人才都是对体育具有一定的热爱，在某些方面有特长的一类群体，其选拔的标准是将长远培养与发展当作立足点，致力于为体育事业做出贡献。基于体教融合模式可以培养专业的竞技类人才，因为通过中学阶段的培养流程，再加上高校系统的知识学习与训练原则，学生可以得到更快、更好的发展。

（四）体教融合模式下，学生具有三重身份

体教融合条件下的学生具有三重身份，除了学生之外，还是未来的中小学教师，甚至是运动员。其身份先是学生，因为其需要完成学校相关的学习与训练任务，而且这些还将作为学生的最终学习成果接受考核。对于一些专业技能表现突出，但文化课成绩较差的学生，教师还应该积极引导其投入学习中，学习相关的知识，使其明白学习的重要性，最终实现全面发展。这样学生将来无

论发展成教师，还是运动员，都能胜任岗位要求。

四、体教融合模式基础研究

体教融合模式作为高校体育人才培养的新型模式，具有跨时代的意义，其将体育人才的构建与时代接轨，在发展体育的同时，促进了教育的发展。一般而言，体教融合模式的产生离不开理论基础与现实基础两部分。

（一）体教融合模式的理论基础

体教融合模式的理论基础分为两大部分：教育学基础、生物学基础。

教育学基础主要围绕教育的基本问题展开，教育的本质是教育同社会发展及人的发展之间的密切关系，三者组成了一个循环链，围绕社会—教育—人三方面展开，即人要适应社会的发展，必须接受教育，只有通过教育的手段才能成为社会建设人才。联合国教科文组织在《学会生存——教育世界的今天和明天》中说道：教育的功能不仅限于对人的改造，还促进改造后的人去改造社会，使社会发展中的良性互动得以实现。现代体育由于受到商业化的干扰，对运动员的体能过度关注，忽略了智能的发展，但对体育从业人员文化方面的培养十分重要。

生物学基础主要指的是运用生物学理论阐释生物的产生、发展规律。生物学理论是体育运动的一个重要理论参考。诺贝尔化学奖获得者普里高津提出的耗散结构理论说明教育对竞技运动具有重大的意义。他认为，耗散结构是在远离平衡条件下，在系统原有平衡态失去稳定性之后出现的新的有序结构。人体自身就是一个复杂的系统，我们应注意平衡发展，不能特意强调某一方面的突出发展，以保持系统的平衡。单纯搞生物性的训练，只能挖掘运动员的体能潜力，不能挖掘运动员的全部潜能，这背离了耗散结构理论，不利于人体的平衡发展。体教融合在重视运动训练的同时，要求学生接受正规的文化教育，这有利于培养大批生理、心理、社会三重属性协调发展的高水平运动人才。

（二）体教融合模式的现实基础

首先，体育与教育的本源是一致的，两者都是在劳动的过程中产生的，是为劳动服务的。早期的教育就是体育，是劳动技术与身体教育的结合，如人们将劳动过程中获得的技能、射杀方法、舞蹈技术、格斗技巧等当作教育内容传给后代，而这些内容与运动有关，这就是早期的体育。可见，体育与教育在早期的时候是相互交融的。

其次，体育与教育相结合的一个重要原因是两者有着相同之处。体育部门与教育部门都属于育人机构，都承担着为祖国培养人才的重任。教育部门培养的人才范围较广，涵盖各方面的人才，其中作为育人基地的高校，为社会输送了大量的合格人才。体育部门主要培养的是为国争光的体育竞技性人才。虽然培养的人才不一样，但都是为国家培养人才。

再次，体育与教育的最终目的是一致的，体育部门与教育部门的最终目的是培养人才。体育部门的任务是培养优秀的体育人才，教育部门除了完成必要的教学任务之外，还肩负着为国家培养高水平、优秀人员的重担。虽然部门之间的功能不同，但所追求的是相同的归宿。体教融合模式可以促进体育部门与教育部门之间的深度协作，为国家培养全面发展的体育运动人才。

最后，体育与教育培养人才的时间大体相同，这为体教融合提供了客观的现实基础。在大学这一人生发展的高峰时期，学生的各项素质有了较大的提升，因此教师除了要保证文化教育顺利开展外，还要组织业余训练活动，促进学生的全面发展。可见，体教融合模式顺应了学生身心发展的趋势，为培养卓越人才打下了坚实的基础。

五、体教融合模式的发展路径

（一）体教融合模式的探索与实践

其一，要实现培养体系的全面性构建。体育专业学生的综合素质不同，所以教师需要采取不同的方式区别培养。有些学生基础较好，体育教师可根据训练档期来调整相关的教学内容及环节，并提出明确的学习要求，确保这一部分有着特别才能的学生在综合素养上有较大的提升。对于普通的学生，教师可以根据普通高校大学生的标准来规范授课内容及方式，还可以通过多媒体进行线上远程教学，让学生在线与教师沟通，及时提交作业及报告，完成课程标准要求。

其二，需要分层次开展教学，保证培养体系的连贯性。根据高校体育教育专业的发展情况及学生的实际情况，学校一般采用的是"面授＋网络教学"的方式，同时也会通过分层次的方式开展教学，即三层教学培养体系。

第一层属于基础教育阶段。这一阶段包括大学的一年级、二年级，主要采取的是必修加选修的模式，主要的方式是课堂教学。针对在校的大学生运动员，教师还可以采用网络教学模式。因为这些学生的运动强度较大，训练任务较重，常年需要在校外训练，相对而言，其更适合通过线上学习来完成学分。

第二层是巩固、提高的阶段。大学第三年主要以选修课为主。在体育教师的指导下，学生可根据自我的兴趣与发展规划制定个性化的修读计划，增进师生间的互动与合作，同时其最后的作业可以课程报告的方式呈现。

第三层是应用实践阶段。到了第四年，大多数体育学生都要面临实习，而高校往往会选择一些信誉良好的企业并与之签订办学协议。企业为高校的体育学生提供场地、工作、实习环境及相关的专业指导，学校则需要主动了解企业对人才的具体需求，为企业的发展输送合格的人才。这一阶段非常关键，是大学生面向社会的一个过渡阶段，学生需要通过实习来全面了解并逐渐适应现实环境，将所学的理论知识应用于实践。

以上三层教学是根据学生发展阶段制定的，每个阶段都有侧重点，充分尊重了学生身心发展的规律，有利于体教融合新模式的构建。

（二）体教融合模式的制度、技术保障

1.建立良好的质量监控机制

依托体教融合模式，可以在教学训练方面形成一套规范的体系，而高校可以按照这一规范体系对体育教育专业进行科学的管理，依照制定出的规章制度实现目标管理。例如，有的高校运动队由校体育委员会直接管理，校体育委员会下设竞赛训练教研中心、国贸专业教研室、学生委员会、体质检测中心等部门，负责运动员的专业训练及比赛。专业的训练、专业的教师及专业的管理带来的是高质量的监控机制。在教学方面，高校应自上而下地制定出各部门的职责与任务，如高校的学院本科教学指导委员会制定出教育发展规范及相关决策，院长及教授带领广大体育教师开展相关的体育教学工作，教研室主任及教

师负责教学内容、教学计划及课程设计方面的工作。各部门通过分工可实现各司其职，促进高校体育教育专业的有效运转。

2.基于不断提升的质量保证体系

要发展体教融合模式，需要围绕社会客观需求展开具体工作。学校可建立毕业生质量跟踪反馈体系，以不断提高体育专业学生的综合素养，进而通过优化人才质量来实现培养目标。学校还可通过问卷调查、用人单位考察、校友座谈会等方式及时了解用人标准与动向，调整教学过程中的课程体系、训练标准、素养培养、教学管理等环节，持续提升体育教学质量，构建质量保证体系。

3.综合性的考核评价机制

现代考核评价机制非常重视运动员相关运动技能、知识储备、专业素养、平时表现、积极度、社会实践等，其评价一改传统的以分数定优劣的习惯，增加了许多灵活性、开放性的事例，主要锻炼学生对问题的分析能力，具有积极的意义。

第二节　"校企合作"模式培养人才实践

一、校企合作的本质

校企合作主要是指学校与企业紧密联系以实现两者之间的资源优势互补，满足双方双向发展的需要。校企合作的本质是教育，两者的合作是一种以社会需求为导向的运行机制，而对人才的培养是在学校与企业双向影响下实现的，主要表现为共同制订教育计划与科研计划。校企合作模式与其他模式的区别是它是校企共育的、开放的社会教育，从传统的以理论为重转向了以实践教育为主。

校企结合的前提是校企双方的客观需求一致。学校与企业是两大截然不同的社会组织，一个是非营利性组织，一个是营利性组织，两者在运行过程中所遵循的规则及利益诉求是不一样的。高校是非营利性组织，所从事的是公益性的事业，所提供的是合格的建设社会主义的人才，通过源源不断地向社会输送人才实现社会效益的最大化。企业的运营模式则不同，企业作为营利性组织，所提供的是具体的产品或服务，所追求的是利润的最大化。在校企合作的过程中，学校通过与企业共同建成的实习基地积极为学生的实习提供良好的条件，积极推进双师培养活动以及课程改革，只为达到既定人才培养目标。企业在校企合作中主要提供经济、技术及场地上的支持，同时致力于科研开发、员工培训升级，进而赢得较好的社会声誉。校企合作是教育与经济相结合的一个典型形式，所遵循的模式是教育根据企业的需要进行相应的教学调整，所培养的人才可以适应企业发展的要求，为企业服务，适应时代发展的潮流，这也体现了教育需要适应经济发展的客观要求，使培养出的人才最终成为促进社会发展的力量。学校通过校企合作的模式可以将培养人才与企业、社会经济发展结合在一起，为优化专业构建及提高综合实力提供强大的保障。

校企合作的法律关系表现为民事合同法律关系，高校与企业将双方的意愿表达在书面协议书上，还包括一些口头协议。校企合作的其他利益相关者，如政府、行业、学生等，都是校企合作的参与者，不能作为校企合作的主体存在。这多少会影响高校参与校企合作的积极性，使校企合作的模式发展缓慢。所以，校企合作的本质是一种办学模式，是在高校运作的过程中让企业参与进来，以促进高校培养出适合企业发展及社会发展的人才。

二、校企合作的紧迫性与必要性

校企合作的意义在于培养合格的人才，这也是高校的价值所在。

（一）校企合作培养人才顺应时代发展与国家发展规划

2018 年，教育部等六部门关于印发《职业学校校企合作促进办法》的通知提出产教融合、校企合作是职业教育的基本办学模式，是办好职业教育的关键所在。为深入贯彻落实党的十九大精神，落实《国务院关于加快发展现代职业教育的决定》要求，完善职业教育和培训体系，深化产教融合、校企合作，教育部会同国家发展改革委、工业和信息化部、财政部、人力资源和社会保障部、国家税务总局制定了《职业学校校企合作促进办法》。《职业学校校企合作促进办法》的制定可以有效缓解当前就业形势紧张、劳动者整体素质不高的局面，是建设人力资源强国及促进社会就业的重要途径。

（二）校企合作培养人才是企业人力资源开发的主要方向

企业要想在同行业中求得生存与发展，再进一步走在行业的领先位置，其核心竞争力就要在于高技能人才力量的储备。拥有的高技能人才越多，创新力度越大，其所展现的核心竞争力就越大，同时在国际上的竞争力也就越强。目前，企业的现状是缺乏高技能人才，可以说，人才问题已经成为制约经济发展与企业核心竞争力提升的一个瓶颈，"中国制造"只有不断创新，依靠高技能人才，才能走向"中国创造"。

（三）校企合作培养人才成为高校、企业创新的一个重要模块

当今时代，企业之间的竞争愈演愈烈，企业要想生存就需要降低成本，提高人才的技能。在企业的成本中，人力资源占有重大的比例。为了追求利润的最大化，许多企业寻求通过培训降低成本，然而高校毕业生在进入社会时，需要有一个过程才能达到岗位的要求。校企合作的一个优势就是省去了毕业生岗位培训环节，不需要对他们进行二次培训。现代社会，人才流动性较大，许多企业往往付出了较大的成本，最后却没有获得应有的收益，所以用人单位在发布招聘启事的时候往往限定应聘者具有相应的经验，这样的情况对高校的毕业生来说是相当不利的，尤其应届毕业生往往没有相应的工作经验，较难找到合适的岗位。所以，要想解决这一问题，高校与企业需要建立一种长期合作的关系，让学生了解企业的运行规律，了解相关的岗位需求，成为符合社会需要的人才。

三、校企合作模式下的人才培养模式及实施途径

（一）校企合作模式下的人才培养模式

校企合作从产生到现在已经发展出很多模式。西方发达国家经过长期的实践已经建立起一些相对成熟的校企合作模式，其中较有代表性的是美国的合作

教育、德国的双元制、澳大利亚的技术和继续教育。这些相对成熟的校企合作模式为我国的校企合作实践指引了方向，促使我国根据企业发展与经济发展的现状形成了四大人才培养模式。

1. 定向培养模式

定向培养模式的特点是，在学生进入学校的时候，学校就要求其与企业签订合同，定向培养企业需要的人才，而在培养学生的过程中，高校与企业是联合起来的。这样的培养模式的优点在于学生毕业进入企业后，可以完全满足企业的需求，与岗位的匹配度极高，而企业也省去了对学生的岗前培训，大大节约了成本。

2. 3+1 培养模式

3+1 培养模式中，学生前三年是在高校系统地学习理论知识，促进自身前期知识及理论的积累，到大学四年级，用一年的时间来实践，即到实际企业中接受具体的岗位培训。这样，学生不仅可以掌握大量的理论知识，还可以提升实践能力，而企业也可在这一过程中获得大量的人力资源。

3. 工学结合模式

工学结合模式是采用学习与实践同时进行的方式来促进学生全面发展。边学习边实践的最大优点是将理论与实践结合起来，增强学生的转化能力，使其深刻理解岗位的要求。对于高校、企业来说，这是有益的尝试。

4. 共同研发项目模式

企业可以将自身的研发项目以外包的形式分给高校，高校教师则可以带领学生共同完成项目。在科研项目进行中，学生可以得到更多的锻炼，包括理论转化能力、实际解决问题的能力，高校可以依靠项目研发获得一些经济效益，企业则可以依靠科研项目寻找更多适合市场发展的途径，提高效益。

（二）校企合作模式下的人才培养实施途径

高校体育教育专业的学生大多会选择毕业之后去学校，投身教育事业，还有相当一部分是走向社会中的不同岗位，包括与体育相关的企业，所以高校体育教育开展校企合作非常有必要。国家在加快人才培养的过程中积极推进产学研合作，鼓励高校与企业整合各自优势，建设重点学科与专业。从实际看，校企合作模式下的人才培养实施途径如下所述。

1.教学层面

其一，在教学层面，高校与企业之间需要明确双方的合作内容及具体职责。企业可以参与学校的招生及课程设置，可以帮助制定相应的教学计划，优化课程中的知识与技能的比例。在招生阶段，企业可以就主要缺乏的人才与高校达成培养协议，高校根据企业的需要进行招生、培养，企业可以接纳优秀的学生到企业实习。高校与企业之间所达成的共同培养高技能人才的计划可以促使高校培养出更多适合市场需求的人才。

其二，企业需要为高校学生提供安全、稳定的实践环境。企业要安排好实习生的日常生活，同时指派专业的人员来辅导学生实训，积极培养学生解决问题的能力与随机应变能力。高校与企业可以通过合作的形式共同开发教学内容，对学生进行案例教学。学校可以基于企业的具体环境展开案例，或者直接将企业一线生产案例引入课本，进行案例分析。

其三，高校还可以根据企业的岗位人才需求进行相关培训，帮助学生取得相应的专业资格证，促进其能力提升。企业的发展离不开高技能人才，而这些高技能人才需要具备一些专业技能方面的证书，所以高校要鼓励学生进行技能相关证书考试，争取在毕业前取得所需的职业证书，理顺未来的职业规划。

2.教师队伍培养层面

高校教师队伍的打造要紧跟时代发展的潮流，且强大的师资可以通过高校与企业之间的合作来打造。高校可以指派专业教师深入企业生产，了解企业的运作情况及所需求的人才，还可以依据行业未来发展的动向来超前培养学生各方面的能力，使学生具备除专业能力之外的其他能力，促进其全面发展。高校教师可以根据企业的实际需求进行课题开发，带领学生一起攻克技术、理论难题，并促进科研成果向生产力转化。企业可以派出相应的专业技术人员、技师等参与高校的课题研发，同时派优秀专业技术人员作为外聘教师给学生上课，讲授相关的知识要点与技术经验，这样一来就扩充了高校的师资队伍，促进了人才的转化。

3.教、科、研层面

现代高校朝着产学研一体化的办学思路发展，在条件成熟之后，甚至需要承接企业发展过程中技术或理论方面的难题，这就要求教师组织学生进行技术攻关，从而促进企业技术上的革新。

校企合作的一个重要体现是促使教育科研工作迈进发展的新局面，指导教育如何与企业的客观现状紧密结合，科学指导高校及企业有序、健康发展。事实上，只有在教学、科研层面实现和谐与统一，才能更好地促进校企结合向前发展。

4. 文化层面

校企合作还表现为文化层面的发展，即企业的文化与理念会影响高校教师与学生，强调在文化、精神层面的深度契合。高校要定期请企业相关的主管部门进行企业文化讲座，传达企业文化。另外，在校企合作的过程中，企业还能参与对学生的综合评价、学生管理模式的制定等，在一定程度上影响了学生相关职业道德标准及培养了学生爱岗敬业精神。

实际上，学生的专业需要与合作企业的文化背景相契合，所以高校必须有意识地培养学生的各项专业素养。这些素养包括专业的知识储备、专业的资质、专业的管理能力、专业化的工作方式等。

四、校企合作人才培养的意义

稳固的校企合作关系是一种互惠双赢的关系，这种关系对于高校、毕业生和企业来说都是极具意义的。一般而言，校企合作的意义有以下几个方面。

（一）高校层面

1. 了解科技发展，避免传授知识的滞后性

现在科学技术迅速发展，高校作为向学生传授理论知识和培养学生实践技能的场所也需要与时俱进。只有建立校企合作关系，高校教师走出校园，走进企业，才能及时地了解企业的进步技术，并根据这些技术的发展不断对教学计划进行改进，对教学资料进行补充，从而有效地避免理论知识培养方面的滞后，保证高校教学质量不断提高，培养出符合时代发展的高素质人才。

2. 了解企业需求，及时调整人才培养方案

随着社会的发展，企业对高校毕业生的要求随之发生变化，高校必须根据

企业需求的变化及时调整人才培养方案。只有建立校企合作关系，高校才能及时了解企业的运营机制和岗位要求变化，并根据这些变化对人才培养体系和人才培养目标进行相应改变，从而避免出现高校人才培养目标与企业实际需求有所偏差的情况，保证毕业生找到合适的岗位。

3.建立实训基地，培养学生动手实践能力

现阶段我国高校对学生动手实践能力的培养还存在许多不足之处，其中一个主要的原因就是缺乏实践场所，最终导致许多学生缺乏动手实践能力和实际解决问题的能力。校企合作关系建立后，企业往往会邀请高校教师和学生参观或直接参与实际工作，为高校培养学生动手实践能力提供很好的实践场所，让教师和学生明确了解企业运营机制和岗位要求，而这对于培养学生实际解决问题的能力极其重要。

4.共同研发项目，提高高校的科研能力

高校除了向学生传授理论知识，培养学生实践技能外，另一个主要的工作就是科研。科研水平是影响高校办学水平的一个重要因素。每年政府划拨给高校的科研经费十分有限，这在很大程度上影响了高校的科研能力和科研水平。因此，高校可与企业合作共同开展科研项目，从企业那里获取科研经费的支持，在很大程度上解决经费难问题。

（二）毕业生层面

1.了解岗位要求，制定职业发展规划

高校传统的闭门造车式的人才培养模式不仅在知识传授上具有极大的滞后性，还使学生无法对企业岗位进行详细的了解，难以形成一个完整的职业发展规划，甚至导致他们的职业发展规划呈现不切实际的特点，这对高校学生的发展是很不利的。只有建立校企合作关系，让学生走进企业，学生才能了解到他们适合什么岗位，发现自身的不足之处，确定如何规划未来的职位发展，从而找到适合的岗位，拥有更好的发展前景。

2.参加企业实习，增加工作经验和就业能力

现在，我国许多用人单位在进行岗位招聘时往往都会明确要求应聘者具有一定时间的工作经验，但高校毕业生在这方面存在明显的劣势，而且这是在短

时间内无法改变的现状。只有建立校企合作，学生才能够在毕业前就到企业中参与实际工作，获取一定的工作经验，才能有效地弥补自身缺少工作经验的缺陷，提高自己在应聘时的竞争力。

（三）企业层面

1.联合培养，减少人力资源成本

随着企业的发展，企业对人才的需求量随之增大。但是，由于许多高校毕业生往往无法达到用人单位的岗位要求，企业在他们上岗前就需要对他们进行二次培训，这大大增加了企业的人力资源成本，加之现在人才的流动性增大，许多企业在付出了沉重的培训成本之后往往无法获得应有的收益。通过校企合作，学生能够在毕业时达到企业的岗位要求，从而有效地降低企业的人力资源成本。

2.资源共享，提高运营效率

企业的人力资源始终都是有限的，而高校是人才的聚集地，有着企业没有的庞大的人力资源数量。通过校企合作关系的建立，高校和企业之间可以实现有效的资源共享，企业可以通过外包的形式将一部分工作交予高校完成，这不仅拓宽了高校的经济来源，还提高了企业效率，对学生动手实践能力的提高也起到了巨大的推动作用。

第三节 "校校结合"模式探索

一、高校体育教育专业需要与基础体育教育改革整合、对接

20 世纪以来，教师教育的典型特征就是以高校为本。[①] 所谓以高校为本，指的是教师教育在高校进行，并且以在校教育为主要方式，其不仅能提高教师的教育质量，还能为各大学校提供高质量、高素质的教师，促使教师教育朝着

---

① 胡庆山，王健.基础体育教育与高等体育教育改革的对接与整合 [J].武汉体育学院学报，2005,39(12):105-107,111.

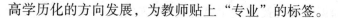

高学历化的方向发展，为教师贴上"专业"的标签。

以高校为本同样主张体育师范生到中小学进行实习，验证所学的理论知识，从而不断提升自身各项能力。但以高校为本的教师教育培养模式并没有真正发挥教师在教学实践中的能力，而是将其在中小学的时间当作补充，这样很难促进教育实践的进行，造成了理论与实践之间的脱节。另外，一些规律性的知识因为理论性太强而很难运用到复杂多样的教学案例中，这就造成了两者的强烈反差，使教师空有较多的理论知识而缺失积极主动性。

（一）需要树立以中小学教师为培养目标的意识

高素质的中小学体育教师队伍的构建可以促进我国素质教育水平提升，而体育学科上的提升更是衡量与提升我国高等体育教育专业整体质量的关键。当前，高校体育教育专业的主要任务是促进体育教育专业学生的全面发展，且其改革的最终结果需要适应基础教育的改革与发展。

现代高校的体育教育专业存在着诸多不良因素，导致体育教育专业与其他专业，尤其与运动训练相关专业的界限存在模糊性，而这种模糊性的存在使体育教育专业的培养目标也朝着"运动员型教师"的方向发展。但体育教育与竞技运动之间的区别是很明显的，运动员型教师的培养以选拔、培养、造就体育运动员为中心，与高校体育教育专业培养"通才式复合型"人才之间存在区别，所以基础体育教育改革要淡化竞技运动的色彩，将提高学生的体能及运动习惯、培养运动理念贯穿其中。也就是说，高校体育教育专业需要结合基础性的教育来明确自己的目标与改革的方向，以此来推动基础教育的改革。

综合来看，未来高校体育教育专业培养的人才不是运动型、竞技型的教师，而是适合基础教育发展的合格的中小学教师，这些中小学教师了解基础教育的特点，能充分尊重中小学生的身心发展规律，同时具备较高的专业素养与道德素养。在知识储备上，高校体育教育专业的学生要具备扎实的体育理论基础，同时其知识结构要合理，能联系相关的知识进行整合，实现触类旁通。在专业课扎实的基础上，学生对相关的学科知识也要做到融会贯通，实现互通互用。在技能方面，学生掌握的技能知识要较为扎实，具有较强的实用性，同时其创新能力、实践能力、互通能力等方面要被放在首要地位进行强调。从这一层面看，只有具备专业知识能力与技能，才能肩负起基础教育改革重任，更好地为基础体育教育服务。

（二）通过观照基础教育落实高校体育教育专业课程与教学改革

高校是育人的基地，是培养高技能专门人才的基地，高校要培养什么样的人才，需要根据各专业制定的目标来决定。在我国，高校经过多年的实践已经积累了很大一部分经验，同时体育教育在基础教育中的地位日益凸显，开始与其他学科处于同等地位。但是，当前的高校体育教育专业需要进一步在教学与课程方面进行完善，在变革中不断强化学生相关能力的培养，促进学生在实践的基础上提升能力，逐渐形成体系性的框架。

体育教育专业的学生是未来的中小学教师，需要实现学科本位向学生本位的转变；在课程结构的设置上，需要由分科设置向适应性、均衡性、综合性的课程转化；在课程实施过程中，要实现由忠实取向向创新取向的转变；对于课程评价，课程实施过程要优先于课程结果，评价要逐渐朝着注重过程性的方向转变；课程的管理也要实现由集权向分权方式的转变。这些转变是必要的，是基础教育紧随时代发展与追随教育发展规律的保障，也是高校体育教育专业发展与改革的新方向。

（三）将基础教育中的新课程标准当作高校体育教育专业课程改革的参照

《中共中央国务院关于深化教育改革全面推进素质教育的决定》指出："面对新的形势，由于主观和客观等方面的原因，我们的教育观念、教育体制、教育结构、人才培养模式、教育内容和方法相对滞后，影响了青少年的全面发展，不能适应提高国民素质的需要。"基于以上问题，课程改革是教育改革的重中之重。新课程标准的颁布符合基础教育课程发展的新形势，促进了我国基础教育改革的发展与突破。

新课程标准以学生为本，强调学生的自主性与独立性，注重对学生应变能力、创新能力、转化能力及实践能力的培养，是一种全新的教育理念，是新时代发展的产物。新课程标准以一种全新的理念渗透在教学的各个环节。新课程标准规定了教育的基本理念，包括"坚持'健康'第一的指导思想，促进学生健康成长；激发运动兴趣，培养学生终身体育的意识；以学生发展为中心，重视学生的主体地位；关注个体差异与不同需求，确保每一个学生受益"。健康、终身体育、学生为中心、个体差异等都体现了新世纪基础体育教育对人才素质与能力的更高要求，而且显示出高校体育教育专业人才培养面临严峻的挑战。所以，在推进体育教育专业改革的同时，高校需要积极与基础教育发展相结合，以基础教育改革的方向及新课程标准为依据，进而确定体育教育专业改革的方向，解决未来与中小学的衔接问题，培养能更好地适应体育发展的人才。高校体育教育专业要将新课程标准纳入改革中，因此教师要专门学习新课程标准的内容，有意识地将其加入教学之中，将相关的理念及内容传达给学生，从而增加高校体育教育专业学生与未来中小学教师岗位的匹配度。

高校体育教育专业与新课程标准的结合可以采取以下措施：首先，体育教育专业学生需要对新课程标准提出的背景及目前基础体育教育现状有全面的了解。其次，需要树立"健康第一"的观念，关注健康相关的知识，养成良好的生活习惯，培养健康的身心。再次，需要将新课程标准的内容纳入高校体育教育专业的教学内容中去，使其成为高校体育师范生的必修内容。最后，需要领会传达新课程标准蕴含的精神，熟悉相关的实施策略，充分契合现代教育现状。

（四）高校体育教育专业学生与中小学教师实现紧密衔接

教育改革的关键在于教师，教师改革的关键在于构建高素质的教师队伍，全面提升教师队伍的质量。现阶段基础体育教育改革所涉及的范围广泛，是全方位的改革，而且在改革中教师与学生都要发生变化，如教师需要建立自己的教学方式，学生也应该在自主的基础上进一步发展自身的能力。高校体育师范生与中小学教师之间的衔接一方面表现在体育教育专业师资队伍的建设上，另一方面表现在中小学体育师资的培养上。

综合来看，高校体育教育专业学生与中小学教师之间的衔接与联系表现在以下几个方面：

其一，积极互动，相互交流。

目前，高校的体育教育专业迫切需要进行改革来适应新时代中小学教育发展的现状及新课程标准的相关规定。高校作为培养中小学教师的基地，需要为体育师范生提供良好的教学环境与教学情境，促进学生尽快进入教师角色，为学生成为教师创造良好的条件。在这一过程中，学生需要参与到教学改革当中。

高校体育教育专业构建的过程中应该加强与中小学的联系，在理论与实践构建过程中了解中小学体育，深入中小学体育，研究中小学体育，实现对中小学体育相关内容由浅入深的研究，同时还可以进一步形成课题，指导中小学教师参与课题研究，提高其专业能力与科研能力。体育教师在道德修养方面也需要进一步发展，真正实现用自身的行为去影响广大学生，促进学生养成良好的思想道德素质与职业道德修养。

另外，高校与中小学之间的双向交流须顺利实现。中小学可以通过设置实习的方式来促进高校体育教育专业学生能力发展，更快地适应教师岗位。同时，高校积极欢迎中小学教师代表到高校传授体育师范生相关技能及教学经验，提高高校体育教育专业学生解决问题的能力。

其二，加深对基础教育的理解，将其融入日常教学之中。

基础教育改革对于高校体育教育专业的构建具有重要意义，是体育教育专业能否培养出合格师范生的重要标准，所以对高校体育教师进行相关培训十分必要。学校应该组织教师进行在职培训，促使高校体育教师具备时代性与专业性，这样才能保障高校教师培养出的学生具有较高的素养。高校体育教育专业教师需要结合基础教育改革及新课程标准的相关内容进行教学，全方位了解现今的基础教育问题、解决措施、发展规划等，利用现有的条件来培养体育人才。需要强调的是，新课程标准是所有体育教育专业教师应该涉及的内容。

其三，积极创新模式，促进高校体育教育专业与中小学教师走向融会贯通。

传统上，体育教育专业学生一般会先进行理论方面的学习，到了大四再进行集中实习，而现在的实习模式有所改变，即可以分期、分阶段进行，这样就很好地将理论与实践衔接了起来，形成了从理论到实践的不断循环。对于中小学实习的问题，基础教育的实习环境要不断优化，要站在师范生的角度尽可能地为其实习提供便利，促进师范生真正在实习的过程中有所收获。另外，教育行政部门也可以积极探索契合师范教育与基础教育的衔接机制，促进两者更好地衔接。例如，建立区域性质的教师教育网络联盟，联盟由高校与中小学共同参与，所实行的是 4+1 联合培养模式，即一周的前四天在学校上课，最后一天（周五）到周边的中小学以助教的身份来强化理论学习，实现知识与技能的同步提升。

　　总体来看，高校体育教育专业与基础教育的相关部门应该以开放、共赢的态度，积极利用对方的优势资源来发展自身。尤其高校与中小学之间的密切关系可以促进高校人才培养的优化，促进高校人才培养与时代发展相契合。因此，高校体育教育专业应该遵循基础体育教育改革的要求，本着为基础教育服务的意识，积极培养未来合格的体育教师。另外，高校体育教育专业还应当参照新课程标准来加快各方面的构建，在充分顺应教育界的改革大潮的同时，注重对基础教育进行关照，这样时代性与专业性即可得到凸显，有利于高校体育教育专业人才的培养。

二、高校体育教育专业对口负责制的构建

　　当今时代，随着应用型人才的需求日益凸显，高校在发展的同时还需面临由理论型向应用型转变的问题。由于高校体育教育专业属于师范性质，具有较强的专业性，因此其应注重应用型人才的培养。具体而言，高校应该结合当地的教育特色，在遵照各级教育需要的情况下，培养具有较强社会性、较强教育实践性的体育专业教师。

（一）示范中学为高校体育教育专业提供实习岗位

　　基础教育可以选取省示范中学作为研究基地，在这些示范中学实行一些新的措施，加强高校体育教育专业与示范中学之间的联合育人机制，不仅可使高校体育教育专业学生获得实习的机会，使其从具体的实践教学中获得相应的经验，还能达到培养高层次师范生的目的。对示范中学而言，这样可以吸引较多的实习生来实习，在未来，基于师范生对实习学校的感情，其也有较大的意向与学校签订就业协议，到实习的学校任教，实现高校与中学之间的双向互动。

高校要在示范中学构建的是多级全程对口负责制实习模式，这一模式具有客观性与必要性。高校体育教育改革的重点是课程改革，培养人才的重点是培养实用性人才，但如果让体育教育专业的学生一直处在一个相对封闭的环境，是无法提高学生的实践能力的。所以，实习是培养应用型人才的重要环节，通过增加实习可以提高体育教育专业学生的转化能力与实践能力，为高校培养创新型人才奠定前期基础。

传统的大学阶段的实习一般会在大四的上学期或下学期开展。近年来，体育毕业生就业难的现象开始出现，部分体育院校开始推行分散实习、顶岗实习、推销式实习，这虽然在一定程度上缓解了就业的压力，但总体上仍过于单一与粗放，系统性较差，在理论与实践融合方面缺乏统一指导，最终导致学生实习效果不佳。然而，高校与示范中学衔接不仅可以丰富实习的内容，还可以形成新的实习体系，有着积极的现实意义。

（二）关于多级全程对口负责制实习模式

首先，多级全程对口负责制实习模式主要由四级对口负责制组成：

第一级：一位校级领导对口负责管理对接一位高校二级学院的领导。

第二级：二级学院的领导负责安排与监督高校的 1～5 名指导教师，对其实习工作进行指导，二级学院的领导越多，可以负责的指导教师越多。

第三级：指导教师可以指导及监督 1～5 名体育教育专业的学生，多个指导教师可以对多个体育教育专业学生进行对口指导。

第四级，每个体育教育专业学生对口一个示范中学教学班或者体育训练队，使示范中学各班都配备相应的实习教师。

示范中学的校领导、班级的班主任及任课教师应该相互配合，监督指导老师认真落实指导体育教育专业学生实习工作，确保其实习顺利进行。

其次，多级全程对口负责制实习模式符合实习规律，具有较强的可行性。该模式的构建具有深厚的人才基础。高校体育教育专业所招收的多是具有从事教育行业意愿的学生，他们具有良好的体育素质与体育技能，在经过大学的学习与锻炼之后，可以胜任中学的体育教学工作。另外，高校体育教育专业的教师团队由一批经验丰富、理论扎实的管理者、组织者、指导者组成，其组织资源较好。此外，该模式还具有较强的可行性。体育教育专业的学生具备良好的心理学、教育学、教育心理学方面的专业知识，可以根据中学的具体情况来设计适合实习的内容、方法、手段，在教学实践中实现能力的转化。

（三）多级全程对口负责制实习模式各阶段的对应实习

1. 实践安排

以高中为例，大学一年级学生在进行了基本的学习之后，会被安排在高中一年级进行实习；大学二年级安排基本学习期的同时会增加一段实习期，安排学生在高中二年级进行实习；大学三年级有基本的学习期、基本实习期，还有高三的实习期；大学四年级分为基本学习期、实习期及大学毕业准备期（表4-1）。

表4-1 大学一至四年级对应的阶段任务（高中实习）

年级阶段	阶段任务
大学一年级	基本学习期1
	高一年级实习
大学二年级	实习期1
	基本学习期2
	高二年级实习
大学三年级	实习期2
	基本学习期3
	高三年级实习
大学四年级	实习期3
	基本学习期4
	大学毕业准备期

再以初中为例，大学一年级的重点是基本的学习期及实习准备期；到了大学二年级，学生在初中一年级上、下学期实习，还包括基本的学习期；到了大学三年级，阶段任务包括中学二年级上、下学期的实习，也包括基本的学习

期；到了大学四年级，阶段任务设计了中学三年级上、下学期的实习以及基本的学习期，最后完成初中相关的实习（表4-2）。

表4-2　初中的相关实习

年级阶段	阶段任务
大学一年级	基本学习期1
	实习期
大学二年级	初一上学期
	基本学习期2
	初一下学期
大学三年级	初二上学期
	基本学习期3
	初二下学期
大学四年级	初三上学期
	基本学习期4
	初三下学期

2.内容安排

实习期在内容上衔接的主要表现如下：

大学一年级阶段主要教授学生一些师范专业的相关技能和基础知识，主要培养他们成为一名合格教师所应当具备的基本素质。在每个学年结束前期，教师都准备中学一年级到三年级的体育教学内容。到了大学二年级至大学四年级，体育教育专业学生要将所学的内容及技能技巧运用到实际的教学实践中，接着待实习结束之后，还进一步升华，将实习中获得的知识与经验，进一步完善自我。高等师范院校的学生完成了师范阶段所有的理论学习任务，也完成了在中学的实习工作后，就迎来了毕业。

3.监管与指导

实习是在中学领导、中学原班教师、高校指导教师、高校相关领导这四大责任主体的监督与指导下进行的，高校与中学的领导直接监督高校指导教师及中学原班教师，而高校、中学相关的领导也可以直接监督体育教育专业学生的实习进度。四大责任主体之间相互配合、协调合作，保证了实习模式的顺利施行。

在高校转型背景下，探索构建体育师范专业对口省示范中学的多级全程负责制实习模式，对体育师范生实践能力和教师素质的培养以及提高中学体育教学质量有着双重的现实意义。各责任主体可根据中学本身体育教育特点、高校师范教育特征以及各校的实际条件，在实践中应用和完善本模式。

第四节 高校体育审美教育模式发展

一、高校体育审美教育

体育具有重要的作用，无论是早期作为生存能力的考量，还是现代生活中健康方式的衡量，其都对人类的发展起着积极的作用。体育教育最直接、最明显的作用在于对人的塑造，这样的塑造并非盲目的，而是在美的规律的引导下的运动或锻炼。体育对人的作用主要通过两种途径显现：一是促使人的各项生理机能持续发展与展现，促进人类走向健康与强壮；二是在健康的基础上促使人体更加健康，促进人类朝着健康、力量、美丽方向发展。20世纪90年代，审美文化得到了长足的发展，我国的审美文化研究也转向对文化、日常、感性等表层的关注，不再将审美文化束缚在哲学、思辨的范围里，这大大拓展了审美的影响力，使审美渗透到了日常中的方方面面，也为体育审美教育的产生创造了条件。

在过去，人们往往只是将体育看作运动，并没有上升到美学的范畴进行考量，认为体育与美学没有关联，故体育的美学价值无从说起。事实上，人类之所以爱好体育，是因为体育在本质上是美的，是人类本质力量的展现。

（一）体育审美教育的本质

体育的审美包括形态美与动作美，其本质用八个字概括就是"身心兼修、魂魄并铸"。体育本身以学生为主要参与对象，学生参与体育的目的是通过身体性的活动来达到强身健体、发泄情绪、身心舒畅的效果，也就是说，体育是满足学生自我生存与发展的基础。现阶段，学生群体中普遍存在体育锻炼意识不强，没有认清体育本质的现象。在应试教育的影响下，教师与家长都比较注重学生学习成绩的提升，忽略了体育教育的重要作用。

体育审美教育通过培养学生对体育的审美情趣引导学生发现体育的美，进一步促进学生养成良好的体育运动习惯，直至其成为终身体育的践行者。也就是说，由体育较浅层次美的发现进一步发展为掌握体育运动的基本知识、技术、技能，促进学生体育兴趣的养成，将学生吸引到体育课堂上来。事实也说明，体育的美可以促进学生拥有成功、失败、竞争、合作、快乐、痛苦等不同的情感体验，尤其其中的积极因素更指引着学生真正发现体育的美妙。

（二）体育审美教育的内容

1. 身体美

体育的审美主要表现在人体美上。人体美主要包括形体美，如拥有发达的肌肉、完美的身形、匀称的体型等，其给人的总体印象是健康和美。雕塑作品《掷铁饼者》就选取了运动员投掷铁饼过程中的瞬间动作，这正是铁饼出手前一系列瞬息万变动作中的暂时恒定状态，运动员右手握铁饼摆到最高点，全身重心落在右脚上，左脚趾反贴地面，膝部弯曲成钝角，整个形体有一种紧张的爆发力和弹力的感觉。虽然形体造型是紧张的，但整体结构处理以及头部的表情，却给人以沉着平稳的印象，这正是古典主义风格所追求的。法国著名的艺术大师罗丹也曾说过："世界上没有任何东西比人体更美。"对于高校体育教育专业来说，体育的首要目的是全面锻炼学生的身体，促进学生养成积极锻炼的习惯，逐渐形成终身体育的理念。通过体育运动强身健体，可以强化身体美，这就是体育教学的积极意义。

2. 运动美

运动美是体育的基本特征。在体育教学过程中，学生有时需要借助翻转、倒立、平衡等动作来完成相关的体育动作，这些动作所表现出的轻盈、灵活、力量、洒脱等给人以强烈的震撼，从而产生美的体验。例如，体育中的健美操运动根据不同的音乐风格表现出的特点也不尽相同，其追随音乐所表现的动作语言的表达具有审美性。又如，一些球类活动传达的是合作、力量与速度，而观众在其中找到了节奏感与韵律感，且其情绪会随着比赛的发展而发展，高潮迭起。这就是运动美的魅力所在。

3. 行动美

行动美主要指的是体育对人的心灵及身体的指引作用。行动美一般分为两类，包括社会性的行动美与人性的行动美。在体育教学中，社会性的行动美主要体现为对社会公共秩序的维护，包括遵守纪律的秩序美、责任美、服从美等，也体现为高校体育专业同学之间的礼仪美、友爱美、诚实美、合作美、互助美等。人性的行动美与社会性的行动美相区别，人性的行动美注重对学生个人能力提升的追求，是以符合人性内在品德为内容的追求美、钻研美、坚毅美、忍耐美、谦虚美、进取美等。体育教学过程中的行动美以及其客观存在影响、陶冶着学生，而不同的学生受影响陶冶的程度取决于每个人的审美意识和审美能力，可见教育的内容以美的形式表现出来，使审美教育具有无限性、理想性与高度性。

另外，日本千叶大学的小林信次教授把体育活动中美的表现形式归纳为三个方面内容：第一，身体角度有肉体美、线条美、匀称美、姿势美、健康美、肤色美等。第二，行为方面有协调美、团结美、道德美、忍耐美、热情美、纯朴美、勇敢美等。第三，运动方面有形态美、跃动美、韵律美、敏捷美、刚健美、柔软美等。金大陆在《体育美学》中从身体美、技能美、人格美，以及最佳结构和最佳程序四个方面进行了论述。丁宁、王金龙、杨文英等将体育美育的表现形式分为人体健康美、体育艺术美、体育心灵美、运动美、行为美、服装以及建筑设备美。可见，体育美育的表现形式具有多样性。

二、高校体育审美教育的意义及作用

（一）高校体育审美教育的意义

关于体育与美育之间的关系，我国近代教育学家蔡元培先生曾经指出：体育中含有大量的美育因素，体育是实现美育的重要手段之一，所以在体育教学过程中应该积极对学生进行审美能力培养。学生获得审美能力最直接的表现是提高了对美的感受与鉴赏能力，发现了更多的美及美的价值，形成了积极向上的人生观与价值观。

1.培养学生的健美观念

所谓健美，指的是健而美、健与美的表达，两者相互联系，只有健康才会获得美丽，美丽来源于健康。在具体的体育教学中，教师需要根据学生的个体情况有针对性地采取措施。比如，积极引导体育专业的学生进行锻炼，使他们通过持之以恒的锻炼养成正确的行走习惯与坐姿，这是形成健美身体的基础。同时，教师需要规范学生的心理健康，使他们在衣着打扮上朝着美观大方的方向发展，这样可以给人以美感。当然，美的前提一定是有一个匀称的体格、健康的体魄，学生只有具备了这些才能衬托出穿戴的美。另外，对女生可以进行针对性的健美教育，使女生形成正确的健美观念。

2.鼓励学生在体育运动中获得美的感受

这里重点阐述如何在体育运动中获得美的感受。在体育教学中应该适当地将体育运动与音乐结合起来，如学生在做某一动作的时候，辅以音乐节奏，可以在锻炼的过程中在身体上得到放松，在心灵上拥有美的体验与享受，身心获得全面发展。

因此，审美教育在体育教育中是必不可少的，它有助于促进高校体育教育专业学生综合素质的提高，也促进了高校体育教育专业学生发现美的能力的提升及终身体育观念的形成。

（二）高校体育审美教育的作用

在高校体育教育专业教学过程中加入审美教育因素具有积极而现实的价值。

1. 提高学生对美的感受力

从感受的性质出发，可以确定的是感受属于主观方面的因素，是主观对客观事物感知的最终结果。在对美的发现、表现与欣赏的过程中，学生需要以感性为基础，不断积累美的体验与感受。一定程度上，对美的感受性强的人才能发现世界的美，从而积极去认识世界与改造世界。体育教学中美的内容具有客观性。无论是对于身体美、运动美还是行动美，学生都需要进行美的积累与体验，在循序渐进的过程中逐渐提高对美的认识与相关能力，进而创造美。在实际的教学过程中，鉴于学生审美能力有高有低，感受美的程度也有所差别，所以体育教学中应不断渗入审美教育，以引导学生有意识地发现体育美，激发学生的学习内驱力，促进体育运动与审美能力同步。

2. 丰富学生的创造性

审美教育初级阶段主要培养学生发现美的能力，待进一步就需要发展学生美的创造力。体育锻炼中养成的审美创造能力可以改善学生对体育的认识，促使学生对美的认识从感性层面上升到理性层面，使其真正认识到体育运动对个体发展的重要性，并促进其终身体育观念的形成。所以，体育教学中必须加强审美教育，积极培养学生创造美的能力。一般而言，创造美的能力的影响包括以下两方面。首先，学习创造。教师要积极引导学生在学习过程中掌握知识与技能，以积极向上的态度全身心地投入体育训练中，并在训练的过程中不断思考、不断体会、不断发现美。其次，有助于形成人与人之间的和谐美。体育教学活动离不开教师与学生、学生与学生之间的相互配合，而他们在配合的过程中又需要相互支持、理解、共鸣、团结等，这些都可以通过美的创造力来实现。毫不夸张地说，美的创造力可以引导教师与学生从既定的位置上发现对方的优点与魅力，形成良性互动，共同推进教学活动的顺利开展。

3. 提升学生的思维能力

人类思维发展的基础是通过不断的实践来形成和深化的。在体育教学活动中，教学就是一种实践，其发生会伴随着积极的思维活动，尤其在教学比赛过程中，除了一些现实的因素外，比赛的策略、突破点都需要依靠思维能力来客观分析，而这些分析的过程也是促进思维能力发展的过程。

4.规范学生的体育技能

规范学生体育技能可以分为理论和技能两大部分，其中技能是高校体育教育中的基本因素。在传统教学过程中，体育教师会利用个人教学经验对相关的体育技能进行讲解，指导学生反复练习，提高学生的整体技能水平，但在实际的锻炼过程中，很多学生因为对技能认识的层面较低，未能真正领悟体育技能的规范性，最终导致教学成果不理想。为了改变这一情况，高校体育教育教学开始引入审美教育。例如，在教授体育技能课时，教师可以渗透审美式教学，即在分析技能的过程中分析技能的动作美，通过对动作美的分析来确定规范，这样可以引导学生在进行技能训练的过程中有意识地注意自己动作的协调性与规范性。再比如，在羽毛球户外运动中，其接球、发球、击球等多项动作技能是学生必须掌握的，且每一项技能中都含有规范性的技能，所以教师在教学过程中不能单纯地指导学生掌握这些技能，而要指出每一项技能的审美特征，鼓励学生以审美的眼光进行实践，了解各项技能的美，进一步规范学生的体育技能。

5.促进学生体育思想的形成

高校体育教育专业的学生一般都有一定的体育特长，他们是未来中小学的体育教师，肩负着教育中小学生体育的任务，所以必须养成良好的运动习惯，树立终身体育观念，不断影响周围的人。体育教师要利用上课时间，在教学内容中渗透审美教育，将体育与审美教育联系在一起——通过体育锻炼提升学生的气质，帮助其塑造良好的身形与体态，养成正确的体育思维。这样教师在传递体育知识与技能的时候，也就恰当表达了美的内涵，在保持课堂生动性与完整性的同时，有效提升了学生的积极性。

三、高校体育审美教育的教学方法

（一）通过教材内容进行审美教育

体育教学涉及的知识点较多，还包括许多技能方面的知识，所以教师在教学时应根据教材中不同的体育教学内容进行审美教育。不同的项目、不同的运动具有的美是不同的，如球类、艺术类运动项目所传达的美学因素就很不同，球类所表现的美学是战术美、智慧美、协作美、技巧美、意志美，而艺术类项目所表现的是节奏美与韵律美。在教学过程中，教师应培养学生的鉴赏能力，帮助学生掌握项目相关知识及技能，了解比赛的规则与特点。另外，教师还要善于将教材中竞技类的常识与美学联系在一起，使学生通过所看所闻来欣赏美，形成对美的认识。但这并不是终点，教师对学生进行美育的最终目的是实现美、创造美，是将体育的审美能力与教育态度结合起来，让学生真正体会到体育是一项终身事业。

（二）促进学生在学习过程中接受审美教育

体育美表现在对称、均衡、节奏、韵律、和谐等方面。在教学过程中，高校体育教师应对体育教育专业的学生进行审美教育，使其深刻感受体育美，不断地将这些美学因素内化为自我的审美能力，从而能进一步识别与鉴赏运动的美与丑。高校体育教师还应该在教学中提炼体育美，引导学生积极感受，并逐渐培养学生的美学能力，使学生获得审美体验。另外，体育教师要利用自身的美学修养对学生进行潜移默化的影响，以自身的语言美、动作美、技能美在感情上与学生产生共鸣。如此不仅可以提升学生的审美感受能力、审美鉴赏能力，还能促进学生审美创造能力的提升，帮助学生在日常实践中去创造美。

（三）在教学思想及实践中将审美教育一以贯之

其一，根据高校体育教学要求，体育教师需要在体育教学过程中对学生进行审美教育。高校体育教学任务是促进学生全面发展，所以教师要培养学生各方面的能力。具体而言，学生除了要掌握相关的知识与技能，还要发展非智力因素，而审美能力就属于非智力因素。将体育教育与审美教育结合在一起，可以促进学生对体育的认识全面提升，对其全面发展具有积极的作用。

其二，体育教师需要积极培养学生的审美创造能力。审美创造能力是审美教育的高级阶段，其要求学生对体育相关的知识与技能有全面的把握，并能利用现有的知识与技能发现更多美的、有价值的东西。例如，学生在学习某项运动技能的时候，由原来的一知半解到熟练掌握，再到运用自如，这一过程就是一个创造美的过程，也是学生审美创造力生成的过程，有利于学生自信心与审美能力提升。

其三，体育教师应当不断提高自身的美学修养。一般来说，具有深厚美学修养的教师都深受学生喜爱，也会给学生留下深刻的印象，使其愿意上体育课。同时，体育教师在课堂上所创造的良好的教学氛围能进一步感染学生，给学生一个较好的上课体验。所以，体育教师应不断提高自身的美学修养，促进美的价值体现。

第五章　综合设置
——课程优化现代体育教育专业构建内容

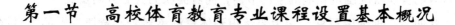

第一节　高校体育教育专业课程设置基本概况

一、体育教育专业课程性质

一般来说，专业培养目标、课程体系及专业人员共同构成了"专业"。其中，培养目标是专业的最终导向；课程体系是社会客观需要与学科知识的紧密结合，指向专业活动的内容、结构；课程体系设置关系到人才培养的优劣，具有重要的意义；专业人员主要指的是教育者与受教育者，且二者中的任意一方都不可缺失，否则专业活动无法顺利开展。

2003 年，教育部印发的《全国普通高等学校体育教育本科专业课程方案》（以下简称《课程方案》）明确规定了高校体育教育专业的培养目标及课程体系构建相关内容，指出高校体育教育专业的培养目标是"培养能胜任学校体育教育、教学、训练和竞赛工作，并能从事学校体育科学研究、学校体育管理及社会体育指导等工作的复合型体育教育人才"。《课程方案》也对体育教育专业的课程进行了划分，主要分为必修课、选修课、实践性环节三大类。这三大类进一步细分，规定了具体的实施课程。特别强调的是，体育教育专业的课程不同于一般的学校体育课程，一般的体育课程主要以锻炼为手段，目的是增进学生健康，促进学生心理健康成长，而高校体育教育专业的课程是为了达到以下五个目标：

其一，运动参与目标。鼓励学生积极参加学校组织的各项体育运动，帮助学生养成良好的运动习惯，形成终身体育意识，同时使学生在锻炼的过程中能制定出个人锻炼计划，养成一定的体育鉴赏能力，拥有体育审美能力。

其二，运动技能目标。学生需要掌握两项以上的健身运动方法与技能，能依照相关的理论进行科学锻炼，不断提升自身的运动能力；对于突发性事件中遇到的创伤，学生能及时、正确地处理，避免伤口恶化。

其三，身体健康目标。促使学生掌握正确的体质健康测量与评价方法，掌握提高身体素质、发展体能的知识与技巧，善于甄别人体需要的各类营养物质。使学生养成良好的行为习惯与作息习惯，形成健康、规律的生活习惯，根据自身的身体状况制定相应的生活节奏，向着健康的身心方向发展。

其四，心理健康目标。学生要认识到体育锻炼对身心健康发展的重要性，制定体育学习计划，善于通过体育锻炼来缓解日常的学习、生活压力，努力养成积极、乐观的生活态度；懂得调节自我情绪的方法，在运动中体会运动的快乐、获得成功体验。

其五，社会适应目标。学生要养成良好的体育道德与合作精神，在比赛的时候处理好合作与竞争的关系，培养团队力量，凸显个人能力。

二、体育教育专业的核心课程与特色课程

（一）核心课程

体育教育专业的核心课程包括运动解剖学、运动生理学、体育保健学、学校体育学与体育教法设计、田径、体操、篮球、排球、足球、武术、游泳、健美操、乒乓球、网球、羽毛球等。下面对核心课程展开介绍。

1. 运动解剖学

运动解剖学是人体解剖学的一个分支，它是在人体解剖学基础上研究体育运动对人体形态结构产生的影响和发展规律，并探索人体结构与体育技术动作关系的一门新兴科学。通过学习，学生了解体育运动对人体形态结构的影响及其规律，运用运动解剖学基本理论和基本知识解决体育运动中的实际问题。

2. 运动生理学

运动生理学是体育科学基础学科之一，是人体生理学的一个分支。人体生理学是研究人体机能活动规律的科学；运动生理学主要研究人体在体育活动和运动训练影响下结构和机能的变化，研究人体在运动过程中机能变化的规律，以及形成和发展运动技能的生理学规律，探讨人体运动能力发展和完善的生理学机理，论证并确立各种科学的训练制度和训练方法。

3. 体育保健学

体育保健学是研究体育运动过程中人体保健规律的一门学科，主要内容包

括体育卫生、保健按摩、体育疗法、体育伤病的预防和处理等。其主要任务是运用医学保健的知识和方法，对体育运动参加者进行医务监督和指导，促使其在体育锻炼中更好地增强体质、增进健康，并提高自身运动技术水平。古代已有把医疗手段应用于体育运动的记载。体育保健学作为一门比较完整的、有理论基础的学科，是从 20 世纪 30 年代开始的。我国的体育保健事业是在 20 世纪 50 年代发展起来的，至今已有 70 年左右的历史。

4. 学校体育学与体育教法设计

学校体育学与体育教法设计主要讲授体育与政治、经济、文化等方面的关系；阐述体育在我国社会主义现代化建设过程中的地位、作用及意义；引导学生了解体育的地位与学习目标，掌握体育相关的原理与技能等方面的内容。

5. 田径

田径是径赛、田赛和全能比赛的统称。田径运动包括竞走、跑、跳跃、投掷以及由跑、跳、跃、投掷部分项目组成的全能运动，共计 40 多项。以时间计算成绩的项目叫径赛；以高度或远度计算成绩的项目叫田赛；全能运动项目，则是以各单项成绩按《田径全能运动评分表》换算的分数计算成绩。

6. 体操

体操是一种徒手或借助器械进行各种身体操练的非周期性体育项目，通常用"体操"来称呼"竞技体操"。中国古代体操有两类：一类是强健筋骨预防疾病的体操，其中最有代表性的是古代药学名著《黄帝内经》中的"导引养身术"。出土的导引图距今已有 2 100 多年之久，不但年代早，而且内容非常丰富，有肢体运动、呼吸运动、器械运动等。另一类存在于古代乐舞、杂技、戏剧和流传于民间的技巧运动中。现代体操的正式名称是竞技体操，它是体操运动的一个分支，简称体操。这是一项在规定器械上完成复杂、协调的动作，并根据动作的分值或动作的难度、编排与完成情况等给予评分的运动。高校体育教育专业开设这类课程的目的是传承古代体操的技能及文化内涵，促进体操在现代持续发展。

7. 篮球

本课程主要讲授篮球运动的基本知识及运动规律，还包括技能与方法。篮球课的要求包括使学生形成、改进和巩固篮球技术战术能力，发展其身体素质，培养其优秀的道德品质。篮球课的任务是科学安排教学进度，使学生掌握规定的篮球技战术，提高理论水平和篮球意识，提高身体素质，并培养自身意志品质。学生需要掌握的课程知识点包括篮球运动理论知识、篮球运动专项知识、篮球运动场地知识、篮球运动规则知识、身体素质训练知识等。

8. 排球

排球运动具有提高人体运动能力，发展判断、注意、反应等心理素质，培养机智灵活、勇敢顽强、团结协作精神的作用。排球课程教学能够提高学生对体育锻炼的认识，使学生深刻理解体育运动的内涵及其对身体发展的影响，激发学生参加体育活动的兴趣，并帮助学生养成自觉锻炼的习惯，为终身体育打下一定基础。该课程的目标包括素质目标、能力目标与知识目标，同时需要掌握的知识点有排球运动的理论知识、排球运动的专项知识、排球运动的战术规则、排球运动的场地布置规则、排球的比赛规则、身体素质训练知识等。

9. 足球

足球课程的主要任务是增强学生的体质，进而以更有效地增强学生的体质为准则，根据学生的生理、心理特点，从实际出发，有计划地、积极地组织学生锻炼身体，促进学生各器官的生长发育及身体机能的提高，全面发展学生的身体素质和人体基本活动能力，提高学生对环境的适应能力，从而收到增强体质的实效。其任务还有提升学生的素质、能力等，使学生掌握基本的足球运动理论知识、足球技术、短跑能力与技术、身体素质训练知识。该课程的目标包括素质目标、能力目标、知识目标。

10. 武术

武术是以中华文化为理论基础，以技击方法为基本内容，以套路、格斗、功法为主要运动形式的民族传统体育。武术课程主要向学生传授基本拳法、腿法，以及初级长拳、初级棍、初级刀术、初级剑、二十四式简化太极拳等。武术课程坚持"以人为本"的教育思想，使学生在掌握一项运动技能，具备防身自卫的能力的同时，能够知礼、懂礼。在课堂上要培养学生吃苦耐劳、坚韧不拔的意志品质和勤奋勇敢、持之以恒的精神。

11. 游泳

游泳是在水这一特定环境中进行的全身运动,学生运动过程中须克服水的压力、阻力以及不能随意呼吸等问题,因而具有很高的锻炼价值。游泳尤其可使学生内脏机能得以改善,进而提高学生免疫功能,促进其身体协调发展等,故被称为"水中健身房"。游泳课程将充分体现"以人为本,健康第一"的指导思想,力争从运动技能的掌握、身体素质的提高、个性的培养、参与锻炼的主动性及心理素质等多方面培养学生。游泳课程主要讲授踩水、蛙泳、自由泳、水中救生等内容,逐步提高学生的技术水平与运动能力,促使其身体健康发展。

12. 健美操

健美操融体操、舞蹈、音乐为一体,是一项轻松、优美的体育运动。健美操运动可使学生心情愉快,陶醉于锻炼的乐趣中,减轻学生的心理压力,陶冶学生的情操,从而增强其健身的效果。通过这项运动,学生不仅能增强身体的协调能力,还能培养自信心和意志力。因此,健美操对身心健康发展十分有益。

13. 乒乓球

乒乓球作为必修课程,主要任务是增强学生体质,培养学生良好的体育运动意识,磨炼其意志品质,并根据学生的生理和心理特点,有目的、有计划地引导学生积极参与体育活动,掌握乒乓球运动的基本技能,通过乒乓球运动促进学生身体各个机能的提高,促进学生身心素质全面发展,养成终身体育意识。学生需要掌握的课程知识点包括乒乓球运动的理论知识、乒乓球运动的专项知识、乒乓球运动的规则知识等。

14. 网球

网球是竞技性与艺术性为一体的球类运动。打网球考验学生的体力、耐力和领悟能力,网球运动中的技能、准则、礼仪等,将网球文化所体现的思想模式、道德规范、行为准则有机地融为一体,有利于提高学生的综合素质。学生需要掌握的知识点包括网球运动的理论知识、网球运动的专项知识、网球运动的比赛知识、身体素质训练知识等。

15. 羽毛球

羽毛球属于面向全体学生开设的必修课程。通过本课程的学习，学生对羽毛球运动拥有初步的认识，系统掌握羽毛球运动基本理论知识、基本技术和基本技能，增强运动的兴趣，学会利用羽毛球从事健身活动；会欣赏羽毛球比赛，树立正确的体育观，养成科学的自觉锻炼身体的习惯和终身体育意识；掌握羽毛球单打、双打的比赛技术并能组织小范围的羽毛球比赛活动；可以通过不同的羽毛球技术练习、游戏或比赛，达到锻炼身体、磨炼意志、娱乐心情、陶冶情操的目的，同时培养人的思维反应能力，灵活大脑。该课程需要掌握的知识点包括羽毛球理论知识、羽毛球专项知识两部分。

（二）特色课程

1. 裁判训练

高校体育教育专业学生能力及水平表现为组织运动竞赛的能力及裁判能力。无论在学校的体育工作还是社会体育工作中，都会运用到组织竞赛的能力，所以学生成为一名合格的裁判员是非常重要的。开设裁判训练课程主要为了在结合校内和校外各项体育赛事的基础上，对学生进行理论及实践方面的培训，要求学生掌握两项专业选修课程项目竞赛规则制定、秩序册编排及裁判工作的方法。

2. 资格证书培训

高校体育教育专业的资格证书培训主要包括二级裁判员培训、二级社会指导员培训，是培养应用型人才的有效途径。资格证书培训课程的开设，是为了促使体育教育专业学生进行素质及能力方面的拓展及提升，使学生通过考试来获得资格证书，从而有资格胜任裁判员及社会指导员。资格证书培训符合时代发展对人才的要求，可以拓宽体育教育专业的就业渠道，在一定程度上提升高校体育教育专业学生的综合竞争力。

三、体育教育专业课程的综合化发展

课程的综合化促进了体育教育专业课程的综合化。社会发展在为高校体育教育专业发展提供诸多条件的同时，也对高校体育教育专业提出了更高的要求，对人才培养标准的要求也越来越高，促使人才培养朝着厚基础、强适应能力、高综合素质的方向发展，使人才呈现复合型、应用型的特征，而这些人才的培养需要依靠拓宽专业口径、增强基础知识与技能教学、协调专业课与基础课的关系来实现。但两者在当前的大环境下又存在一定的矛盾，即知识无限而课程容量有限，对人才的高标准要求需要多方面知识的构建，而课程体系又是有限的。要解决上述矛盾，就要优化课程结构，而课程综合化就是优化课程结构的一种有效方法。

（一）课程综合化

课程综合是涉及多领域的学习模式，体现为课程的全面整合与交叉。这一理论的提出者是德国著名教育家赫尔巴特，他提出了"中心统整法"。19世纪末20世纪初，在"中心统整法"的基础上又发展出了"合科教学"，之后，发达国家在教育中多次尝试，大都取得了很好的效果。我国于2001年提出了"综合实践活动"，开始了课程综合化的尝试。

可以说，课程综合已成为目前我国高校教育课程改革的趋势之一，是优化课程的重要手段。课程走向综合化发展具有一定的时代性：一方面，当代科学技术的发展高度集中化，需要的人才也必须在专业化的基础上有一定的综合性知识构建；另一方面，当前社会生产及生活方面的难题都需要跨学科协作来攻克，所以课程综合化是历史发展的必然趋势。课程综合化的原因主要有以下几个方面：

其一，科学技术在现代呈现出既分化又综合的趋势，在分化的基础上实现高度的整合，科技最终以综合化的方式呈现，这是当前科技发展的潮流。技术的综合化直接影响了人才培养的综合化发展趋势。以往过于强调专才的培养不利于社会的发展，而复合型人才追求的是广博与专业的结合，符合社会发展的大趋势，是当前高校教育改革的发展方向。

其二，当前社会在科技发展的作用下发生了巨大的变化，科技既高度分化又高度综合，带来的是社会生产及生活的综合化与多样化。要解决现实问题，需要借助多学科知识，因此人才培养落实在高校身上，对课程提出了综合化要求。

其三，科学技术的高度分化与高度综合，使新的研究领域得以出现，因此也涌现出更多的新学科、新知识，这会促进人类社会知识进一步发展，而要对这些知识进行整理，还需要将以往的知识与新的知识衔接起来，即需要课程进行综合化。

其四，社会发展需要复合型人才，以应对现代社会快节奏、高效率的发展模式。目前，社会职业方面呈现出流动性增大的趋势，人才需要具备职业变换能力，所以高校在人才培养过程中要注重对人才应变能力的培养。高校体育课程走向综合化，会增强学生处理事情的综合能力，培养学生的社会适应性。

其五，高校的学制与课程有限，但知识是无限的。高校课程的设置不可能满足所有学生的所有需求，但综合化的课程设置可以尽可能地满足学生各方面的需求。

从以上五点可以看出，课程综合化是课程发展的必然趋势，是时代发展与进步的结果。课程综合化是相对于学科分化与分科课程展开的，综合课程着眼于课程与课程之间的内在联系，强调课程结构上的整合，追求课程结构体系构建的统一性与完整性。课程综合从本质上看是以学科分化为基础、综合课程结构中的各大要素进行协调整合的过程。

（二）体育教育专业课程的综合化

我国体育教育专业课程因课程综合化的影响而进行改革，具有积极的意义。体育具有综合性、交叉性与应用性的特点，虽然发展的时间较短，但其发展的速度较快。20世纪80年代以后，体育学科开始与社会科学的多个领域进行整合，既提高了体育学科系统构建的丰富性，又提高了体育学科人才解决体育问题的能力。体育学科在改革的过程中朝着多学科综合方向发展，由于各学科的交叉与综合，中国体育科学学会下设二级分会及学科专业组学科就有十几个，包括体育文化学、体育史、社会体育学、体育管理学、运动竞赛学、学校体育学、体育经济学等，这使体育学科更加完善，也使体育学科的综合性越来越凸显。体育发展的复杂性决定了体育学科的综合性，体育学科的综合性决定了体育专业培养出的人才需要具备综合的知识与技能。

体育教育专业本身就具有综合性，具体表现在体育教育专业不仅是体育类的专业，具有竞技性质，而且是师范教育专业，所培养的人才将来多走向教师岗位。虽然体育教育专业本质上是师范性的，但体育师范生的专业性需要通过专业课的专业性来体现，而目前体育教育专业的综合性课程占有相当大的比例。同时，高校体育教师的工作呈现出复杂化、综合化的特征，所以高校体育教师必须具备高素质、多知识、强能力，这样才能培养出复合型、实用型人才。

纵观我国体育教育专业的课程发展脉络，综合化发展是课程改革的一个重要方向。以往的体育课程按照具体运动项目设置，强调的是各运动项目的特殊性与独立性，其课程的类型也比较单一，综合课程尚未形成。虽然现代的体育教育专业逐渐朝着综合性课程的方向构建课程体系，但其仍然追求基础课及专业基础课专门化等，而这是不合理的。个别高校的体育教育专业在设置课程的时候十分忌讳"运动"二字，因此通常会有意避开，显然这种忽略综合化的基础课的倾向是不符合培养复合型人才的要求的。课程综合化发展是解决当前体育教育专业课程膨胀问题的方式之一，也为培养符合社会发展需要的人才奠定了基础。

（三）课程综合化的实质

课程综合化主要是针对现阶段课程过分追求学科分化及课程分科现状展开的，是对学科分化及课程分科的纠正。学科的分化虽然加深了人们对具体领域的认识，但其分化的比重较大，强调的是单个学科，很容易造成学科与学科之间的不连贯，造成三个方面的分离。

一是课程分科越来越多，有时过于强调单科，呈现出学科之间的隔离。二是课程设置与社会客观要求不一致。社会问题的复杂性要求将知识综合起来，而学科的独立性又阻碍了课程与社会需求之间的对话，造成了二者的割裂。三是课程与学生之间的分离，主要表现为割裂了学生的心理。人的心理是有机的、统一的整体，而片面追求知识就容易忽略心理。以上三方面的分离使培养复合型人才的目标很难实现，所以进行课程综合化很有必要。

综上所述，课程综合化的实质是在系统性、整体性的指导下实施的，是以分科为基础，对高校课程组织结构中的各个要素进行组合，最终构建一个结构性的知识系统，呈现出综合性的过程。分科基础上的整合促进了课程的综合化，推动了学科、社会与学生之间的平衡。

（四）课程综合化的意义

课程综合化的意义表现在以下几个方面：

其一，课程综合化巧妙地解决了知识无限性与高校课程有限性的矛盾。综合的前提是选取整合性的知识来设立课程，将原来分科的、孤立的知识整合在一起，从而形成统一的、整体性的课程。这样形成的课程避免了学科之间内容的重复，各学科之间呈现出互补、统一的关系，而且知识在学科间进行巧妙转化。

其二，课程综合化有助于发展学生的综合能力促进学生综合素质提高。课程综合化不仅仅是知识的综合，更多地表现为思维结构的整合。课程综合化可使学生在学习知识的同时发展思维，可以不断开拓学生的视野，使学生掌握多学科思维方法，用整体性、发展的眼光看待事物。同时，合理的知识结构能够提升学生解决问题的能力，使学生善于运用不同的方式切入问题，从而提高处理问题的综合能力。

其三，课程综合化促进复合型专门人才的培养。课程综合化是对学科分化及课程分科的超越，是学科分化与综合的辩证统一。综合化不是将学科与专业的特性排除，相反，其是在更加凸显专业性、学科性的基础上，实现整体的综合。这种综合打破了学科与专业的界限，能表现事物的关联性与整体性，能帮助学生在认识世界的过程中形成统一的世界观与方法论。课程综合化表现为对某些相似科目的综合，有助于相近专业的整合，可促使课程优化。高校体育教育专业与运动训练专业的许多课程具有相似性，但二者长期处于割裂的状态，使一些原本相通的知识没有很好地联系在一起。体育教育活动本身就具有综合性，将运动训练专业与体育教育专业相隔离，并不利于体育教育专业培养人才。目前，国家对复合型体育人才及教练员的需求在逐年上升，所以对体育教育专业的课程进行整合，将课程综合化与人才需求紧密联系在一起，打通相关专业的联系，将为人才培养提供更广阔的空间，更有利于高校培养出合格的人才。

其四，课程综合化不仅适应了学科的发展，也有利于学科进一步朝着高端化的方向发展。母体学科整合是课程综合化不可绕开的主体，有的甚至需要打破原来的母体学科课程体系，以全新的、适合人才发展需要的方式展开，这样的发展方式促使母体学科朝着多元化、综合化的方向发展，至少可以在短时间内促进相关课程领域的构建，为课程发展与人才培养提供更多的保障。体育教育专业课程的综合化促进了新学科的产生，如体育教育心理学、运动竞赛学等，将运动训练学与学校体育学综合起来，可以促进体育教育训练学这一新学科的产生与进一步发展。

（五）体育教育专业课程综合化的方式

分段模式、整合模式是课程综合化的主要模式。分段模式主张将普通的教育课程与专业的教育课程分开，一般表现为本科阶段的四年一分为二，前两年称作普通教育阶段，后两年称作专业教育阶段。其中，普通教育阶段文科与理科课程的开设，强调的是基础性知识的学习，体现了强基础的观念。基础阶段的课程主要以多课程并修的方式展开，此外还需要开设一些选修课加以补充。到了专业教育阶段，学生就需要学习专业课程相关的专业知识与专业技能。采用该模式比较有代表性的是莫斯科体育学院，其将本科四年分为两个阶段，第一个阶段是从入校到 2.5 年，这一阶段是基础教育阶段，学生学习基础课程，但也涉及相关的专业课程；第二阶段是从 2.5 年到第 4 年的专业学习阶段。我国的体育学院有的也实施分段模式，如广州体育学院，其中较为有特色的是基础课，包括公共基础课及专业基础课，主要强调的是专业基础课，为进一步进行专业教育打下了良好的基础。

整合模式与分段模式截然相反，强调的是将普通课程贯穿本科教育始终，将基础教育与专业教育结合在一起，课程的综合化体现的是基础教育与专业教育的融合与渗透。

近年来，随着体育教育专业改革的不断推进，体育课程的类型开始走向综合化，这是解决现实问题的需要。体育学科不断发展过程中衍生出了不同的体育学科，同时随着运动项目及全民健身活动的不断推进，体育教育专业的分科设置呈现出越来越细化、具体化的趋势。课程门类的增加一定程度上割裂了各相关学科间的联系，其对于培养具有综合知识与技能的复合型人才是不利的，所以体育教育专业课程综合化的发展空间巨大，对教育学、体育学、体育教学论等相关课程进行综合很有必要。比如，可以将共性的教学观点、方法、原理、知识提取出来，形成相关的课程，如"运动技能教学与训练""运动竞赛方法与原理"等，从而整合知识与技能，实现课程的综合化。

第二节　信息技术与体育教育专业课程

一、信息技术与体育教育专业课程整合

信息技术包含两个方面的内容：一是信息层面；二是技术方面。其中，技术层面主要包括两方面的内容：以多媒体计算机网络为代表的技术手段；信息获取的方式、方法等相关技术。一般来说，信息技术分为四大类：第一类是多媒体计算机技术、计算机局域网络技术；第二类是数字音响技术和网络技术；第三类是人工智能技术、虚拟现实、仿真技术；第四类是卫星电视广播技术。

信息技术与教育的整合为教育事业带来了巨大的发展机会。整合的目的是更好地发挥各要素的功能，实现优势互补，最终达到"1 + 1 > 2"的目的。信息技术与教育之间的整合主要强调的是信息技术渗透到学科教学过程中，指导各个环节，使信息技术与教育有机结合。信息技术在实际教学过程中不仅可以使高校教师的教学内容得到丰富，还可以为学生提供一个更宽广的平台，使学生超越现实课堂的空间，进入更广阔的空间去发现知识、探索知识、寻求真理。信息技术的出现，改变了传统的教学模式与教学观念，强调以一种全新的教学方法和评价手段来培养现代学生的创新精神及实践能力，所以信息技术与课程之间的整合从本质上说是一种新的学习模式或是一种新的教学模式。其与其他学习模式、教学模式的区别是，此模式下信息技术与教学融合在一起，以数字化学习为基本的呈现方式，其教育理念紧跟现代信息技术与课程的整合，通过信息手段活跃现实课堂的氛围，使学生沉浸其中，从而提高学习效率。

信息技术具有强大的教育应用功能，可以产生传统教育手段无法比拟的功

效。信息技术具有信息容量大、传输速度快、自主性强、选择性强的优势，能提高学生的学习效率，同时可以降低学习成本，这些优点都是传统教学手段所没有的。将信息技术运用到教育内容与教育手段中，是信息技术在教育领域最好的表达方式。信息技术与体育教育专业课程整合的意义主要表现在三个方面：

其一，可以培养学生的信息素养。信息素养指的是主动高效获得信息与处理信息的能力，是信息社会中人才必须具备的基本素养。在体育教学过程中，信息技术与体育课程的整合基于现代社会对人才的客观需要，信息技术与课程整合的教学模式属于任务型教学模式，学生通过完成任务来掌握新的知识及技能，所运用的手段是信息技术操作技能。

其二，可以培养学生的协作能力。信息技术与体育教育专业课程的整合是学生在学习过程中实现自主、探究、协作、创新的过程。学生在接触新知识的时候，由于受到自身条件水平的限制，对事物的理解不够全面，需要得到老师或学生的帮助才能完成。在这一过程中，学生需要借助信息技术来大胆表现自己，积极与教师和同学进行互动，提高自身的协作能力。

其三，可以提高学生的创新能力。信息技术作为现代社会的一种新技术，其与体育教育专业课程的整合，可以为学生提供一个全新的学习环境，提高学生的自主学习能力。学生在这一特定环境中完成教师布置的任务，根据教师的指导积极思考，发挥自我的主观能动性，借助交流与协作的机会来提高自身的各项能力。其中，创新能力是最为突出的，在这一能力的驱使下，学生由被动学习转为了主动学习，极大地提高了学习兴趣，更能借助信息手段来拓展学习的方法与思路，激发灵感，最终提升创新能力。

二、信息技术与体育教育专业课程整合的理论基础

信息技术与体育教育专业课程整合的一般理论基础主要有人本主义学习理论及建构主义学习理论。

（一）人本主义学习理论

人本主义学习理论有两个代表人物：马斯洛和罗杰斯。马斯洛提出了需要层次理论，罗杰斯在马斯洛人本主义观点的基础上进行了补充发展。

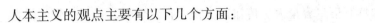

人本主义的观点主要有以下几个方面：

首先，提出了自然人性论和自我实现人格论。自然人性论认为人的本性来自自然，自然人本身出自自然，那么人的本性就具有自我实现的倾向。人本主义心理学家认为，人的成长来源于自我实现的需要，自我实现的需要是人格形成发展的内驱力。正因为人有自我实现的需要，才使有机体的潜能得以发挥。人格发展的关键在于形成和发展正确的自我概念。

其次，提出了有意义的自由学习观。罗杰斯认为，学生学习主要有认知学习和经验学习两种类型，其学习方式也主要有无意义学习和有意义学习两种类型，并且认为认知学习和无意义学习、经验学习和有意义学习是完全一致的。

对于有意义学习，罗杰斯认为主要具有四个特征：

一是全神贯注。整个人的认知和情感全都投入到学习活动中去。

二是自动自发地学习。学习者由于内在的愿望主动去探索、发现和了解事件的意义。

三是全面发展的学习。学习者的行为态度和人格等获得了全面的发展。

四是自我评估。学习者根据自我现状来评估自己的学习需求，考察学习目标是否完成等。

以上是人本主义学习理论的基本观点。人本主义学习理论强调以学生为学习中心的教育理念，坚持学生自主学习，提倡学生拥有学习自发性与主动性。学生所学习的教材需要有意义，学生对教材的学习要以自我实现与发展为终极目标。在体育课程中，由于学生与学生之间存在学习能力差异，因此不同的学生学习体育运动项目会有不同的效果。例如，体操课程对学生的柔韧性要求较高，而柔韧性一般受先天遗传因素的影响较大，所以一些柔韧性较好的学生能在学习中获得更多的自主与快乐，而柔韧性较差的学生虽然付出了很大的努力，但学习效果可能也并不理想。因此，要基于人本主义学习理论设计教学内容，并在此过程中充分考虑每个学生的学习能力，之后引导学生有针对性地进行学习，最终促进学生自我能力提高与发展。

（二）建构主义学习理论

建构主义学习理论是认知主义的进一步发展，在皮亚杰和早期布鲁纳的思想中已经有了建构的思想，但相对而言，他们的认知学习观主要在于解释如何使客观知识结构通过个体交互而内化为认知结构。20世纪70年代起，以布鲁纳为首的美国教育心理学家们将苏联教育学家维果斯基的思想引入美国，对建构主义思想的发展产生了积极的作用。维果斯基在心理发展上强调社会文化历史的作用，特别强调活动和社会交往在人高级心理机能发展中的突出作用。

建构主义学习理论的基本观点主要有以下两个方面：

其一，知识观。建构主义者一般强调知识并不是对现实的准确表征，它只是一种解释、一种假设，并不是问题的最终答案；相反，它会随着人类的进步而不断被更新，并随之出现新的假设。另外，建构主义认为知识不可能以实体的形式存在于具体个体之外，而且尽管我们通过言语符号赋予知识一定的外在形式，甚至这些命题还得到了普遍的认可，但这并不意味着学习者会对这些命题有同样的理解，因为理解是由个体基于自己的经验、背景建构起来的，它取决于特定情境下的学习历程。尽管建构主义的知识观不免过于激进，但其向传统教学和课程理论提出了较大的挑战，值得深思。

其二，学习观。建构主义学习观主要包括主动建构、社会互动性、情景性三个方面的内容。学习观强调学习是学生自己建构知识的过程，强调的是学生主动建构知识而不是简单的被动接受知识。

三、多媒体视域下的体育教育专业课程教学设计

多媒体在体育教育专业的应用主要表现为现代信息技术在教育各个环节的运用，可以说现代信息技术贯穿在教育活动的始终。当前，各国都在积极利用现代信息技术手段来发展教育，而现阶段对信息技术教学的研究主要侧重于一些理论课，如研究体育教学的方法、手段等，对于技能课的研究较少，主要原因在于技能课是一个动态的过程，信息技术对动态的把握有一定的难度，这一部分需要进一步展开研究。

在以计算机为主导的现代社会，技术从E时代向着U时代迈进，极大地改变了人们的工作、学习、生活方式，使其朝着更加高效、便捷的方向发展。在现代计算机技术的推动下，智慧学习环境应运而生，而智慧学习环境促使信息技术与教育高度整合，实现了二者的双向发展。

（一）关于智慧学习环境

所谓智慧学习环境，指的是一种能感知学习情景、识别学习者特征、提供合适的学习资源与便利的互动工具、自动记录学习过程和评测学习成果，以促进学习者有效学习的学习场所或活动空间。智慧学习环境是普通数字化学习环境的高端形态，是教育技术发展的必然结果。其主要利用传感器技术、人工智能技术、网络技术、媒体技术、计算技术等来不断扩充学习环境，丰富学习空间。智慧学习环境以学习者的学习体验与学习效果为基础，将互动、科技、关系等因素融入学习环境，促进学生学习效率提升。

与普通的数字学习环境相比，智慧学习环境具有以下几个方面的特征：

其一，智慧学习环境在学习资源上表现为鼓励资源独立于设备；无缝连接或自动同步成为时尚；按需提送资源。

其二，智慧学习环境在学习工具上表现为专门化工具，工具微型化；自动感知技术环境；学习情景被自动识别。

其三，智慧学习环境在学习社群方面表现为结合移动互联的现实社区，可随时随地交流；自动匹配圈子；依赖媒介素养。

其四，智慧学习环境在学习社群方面表现为自动形成社群；高度关注用户体验；跨域性社群成为时尚。

其五，智慧学习环境在学习方式上表现为突出群体协同知识建构；关注高阶认知目标；多样化的评价要求；思维成为学习方式差异的关键。

其六，智慧学习环境在教学方式上表现为重视活动设计，重视引导；基于学习者认知特点的适应性评价学习结果；学习活动干预。

（二）高校构建智慧学习环境的支撑条件

1.智能终端设备

在高校智慧学习环境建设中，智能终端设备用于网络连接、数据存储，可交互联通，可以接收各种各样的网络教育资源。智能移动终端还具有蓝牙、GPS 定位系统，具有一定的跟踪能力及情景感知能力，可以说智能终端设备是智慧学习环境中的必要设备基础。

2.传感器技术

传感器指的是能感受被测量并按照一定规律转换成可用输出信号的器件或装置。传感器技术与通信技术、计算机技术构成了信息技术的三大支柱。传感器技术正朝着更加精细、更加智能的方向发展，也促进了无线传感器网络、智能传感器网络等相关技术的发展，这些技术运用到高校体育教学环境中具有积极的意义。

3.上下文感知计算技术

智慧学习环境下的学生可以在任何时间、地点与闲置的计算机设备进行一种相对隐形的交互，同时运用上下文感知计算技术，可以感知当时情景下与交互任务相关的上下文，并根据设计的判断与联系来提供相关的信息服务。因此，智慧学习环境中的上下文感知计算技术是一个新型的人机交互系统，可使人们快捷、高效地获取信息。

4.网络环境

高校构建智慧学习环境所需网络环境需要建立在高度融合的基础上，包括各大网络之间的统合以及应用网络与射频感应网络之间的相关沟通，以此来建立一个信息与空间共生的学习环境，从而极大地拓展学习资源，为学生的学习提供多维发展空间。

5.人机互动界面研究

智慧学习环境构建要实现的是人与人之间积极互动，学生在智能环境下学习的过程中，具有更多的积极性与主动权，可以根据自身的喜好来选择相应的服务。人机界面是设备与用户之间进行信息交流与交换的窗口，学生可通过相互交流与发展提升学习效率。

6.学习资源

学习资源在构建智慧学习环境的过程中具有重要的意义。高校要实现一定的人才培养目标，就应该结合现有的资源，不断进行资源优化配置，为学生打造一个良好的学习环境，尽可能多地为学生提供学习资源。现代信息技术所提供的资源是巨大的，其数字化的信息难以衡量，高校需要引导学生利用现代信息手段提高获取学习资源的技能、养成良好的上网习惯，引导学生进行相关知

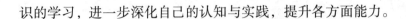

识的学习，进一步深化自己的认知与实践，提升各方面能力。

四、高校体育教育专业田径类教学运用信息技术的有效性探索

（一）信息技术在高校体育教育专业田径类教学中应用的必要性

在田径类教学中，教师对体育技能的讲解除了口述以外，还需要演示动作的要领。比如，在赛跑运动教学中，教师应展示如何起跑，如何加速，如何过弯道。在现实教学活动中，如果教学场地偏小，而且教授学科不是教师擅长的运动项目，则技能类动作知识传达就会很困难。这时学生只能听教师对技能要领的描述，无法顺利完成技能学习任务。因此，高校体育教师可以依靠多媒体手段，通过图片、视频等给学生分步骤讲解正确的示范动作，引导学生进行正确训练。比如，在教授跨栏跑时，让学生观看国际优秀选手的比赛视频，理解跨栏动作的要领，掌握相关技能要领：起跨攻栏，腾空过栏、下栏，栏间跑技术等。还可以借助现代数码技术，让学生拍摄动作训练视频，并互相指出动作的不规范之处，从而掌握正确的动作技能。

（二）信息技术在高校体育教育专业田径类教学中的优势分析

在田径类教学中，需要改变以往单一的、枯燥的教学模式，改变学生的学习模式，培养学生主动学习、主动训练的习惯，益于现代体育教学事业稳步推进。这一改变可以依靠信息技术来实现，因为信息技术与体育教育专业的结合可使学生运动员的学习方法和手段更加多样、新颖独特，且其能克服传统训练模式下教师有时不能一边讲解一边示范的困难，可给学生营造了比较好的学习情境和运动体验；能集中并保持学生的注意力，提高学生的学习兴趣，从而激发他们的训练热情，调动他们训练的积极性；能扩展体育教学的宽度、深度和广度，创造优于以往任何时代的教学手段，极大地丰富体育教学资源。

1.信息技术在田径类教学中可以拓展思维、培养能力

学生要完成对学习的认知和对技能的掌握，需要从感性认知上升到理性认知，在这一过程中，信息技术的运用可以提升学生理解新知识的能力。学生由于自身认知储备及能力有限，在接触一些新知识的时候，仅仅依靠教师的讲解很难理解透彻，这就需要教师丰富教学手段、拓展知识技能的表现形式。在田

径类教学中，教师利用现代信息技术可以帮助学生掌握正确的技术动作和运动技能，同时培养学生的形象思维。比如，很多技术动作结构复杂，一个完整的动作由一连串复杂的细节动作组合而成，但利用现代多媒体技术，教师就可以直接把重难点动作做成课件播放给学生看，结合慢动作、停镜、重放等教学手段，让学生更直观、更全面地掌握每一瞬间动作的技术细节，提高训练效果。这时，学生的形象思维能力也在潜移默化中得到了提升。

2. 信息技术可以促进问题的解决并加深学生对知识的理解

学生在学校期间的任务就是不断获得新的知识，同时加深对已学知识的理解，可以说学生学习的过程就是一个探索的过程，是一个不断发现问题、解决问题的过程。利用现代信息技术进行对比分析，有利于培养学生发现问题、解决问题的能力，并加深他们对教师所讲技能知识的理解。很多学生在训练中会出现习惯性的错误动作，基于此，教师可以在训练前准备一些学生容易犯的典型的错误动作资料，在教授学生分解动作步骤时进行展示，而学生可以根据自身具体情况消化分析，自觉纠正。这有助于锻炼学生的观察、比较和判断能力，促进学生掌握正确的动作要领，自觉纠正错误动作。

3. 信息技术有助于实现教学过程中的科学与互动

信息技术为教学多样化发展提供了可能，而且其是智能化的技术，贯穿学习的整个过程，所实现的是知识的直观呈现到知识的理性呈现，完成了学生认知的过程。例如，在教授投掷标枪项目时，可以提前下载一些训练视频，视频分类包括训练效果突出的、训练效果一般的、训练效果不佳的以及训练过程中出现失误的。随后，在课堂上组织学生观看视频并就投掷标枪的技术动作进行交流与探讨，其中包括如何持枪，如何助跑，最后如何用力和缓冲等。大家畅所欲言，发表意见，同时教师指导每个学生根据自身情况找到适合自己的方法要领。这样学生不仅可有效地掌握相关知识和技能，还可学会这个项目科学的练习方法，提高学习效率。

第三节　信息技术手段在高校体育专业中的应用

一、信息技术手段在技术类动作教学中的运用

（一）运用信息技术手段提高讲解效果

体育教育专业中诸多运动技巧并不是简单动作的拼凑，因此学生需要在一瞬间完成诸多复杂动作技巧。学生技能学习不是一蹴而就的，其需要在动作相关理论指导下持续进行练习。在获得技能的过程中，学生还需要进行大量的观察与模仿，及时改正不良动作，最终达到合格水平；在技能学习过程中，不仅需要强烈的体外感觉信息，还需要高度灵敏的视听信息，这样才能学好技能，掌握技术要领。另外，教师可以借助现代信息技术手段将体育教学中较难的动作通过图片、视频的方式呈现出来，使其具有生动性与直观性。体育教师可以借助现代信息技术，在多媒体播放的过程中及时讲解相关的动作，促进学生掌握相关技能要领，还可以抓住动作的几个要点进行讲解，促使学生掌握全面的动作知识，缩短学习过程。

（二）运用信息技术手段调动学生的学习积极性，激发学生学习兴趣

运用现代信息技术手段来发展体育教学，可以使教学手段及方法呈现出多样化的特点，在一定程度上能进一步改进体育教学模式。利用多媒体教学模式，不仅能激发学生的求知欲与探索欲，还能促进良好教学氛围的形成，及教学内容的生动化展现。例如，在教学训练活动中展示与训练内容相关的各种文字、图片、声音、画面，可以帮助学生结合教师的讲解理解动作要领，避免认知误差和单纯的表面上的模仿。学生有了学习的成就感，之后就会更认真、更积极地参与到技术类动作教学活动中，从而形成一个良性循环。

（三）运用信息技术手段提高教师的主导作用与学生的主体作用

在传统的教学模式下，体育教师需要花费较多的时间为学生进行讲解、示

范，但效果往往较差，因为仅仅凭借语言描述来解释动作具有较强的抽象性，且对体育动作的示范多数无法全面展开，有着局限性与不规范性。所以，传统教学模式在一定程度上限制了学生的自主思考能力，无法使学生真正了解动作技能的本质，也阻碍了课堂效率的提升。在体育教学过程中运用信息技术，可以节约体育教师讲述动作的时间，也可以通过播放具体的动作技能视频来帮助学生立体感知，使学生较好地感受相关的动作要领。体育教师可以将更多时间放在精细动作交流、互动上，通过师生间的不断交流来使学生获得对动作的深刻感受，提高学生思考问题的能力，激发学生的学习潜力，为发挥其创造性提供条件。

（四）信息技术手段在运动技能形成过程中发挥积极作用

1. 运动技能形成前期

在运动技能形成前期，由于学生处在动作泛化阶段，其动作比较生硬，有的还会出现协调性不够的情况，对动作技能的掌握还处在初级阶段。此时，体育教师可以选取世界优秀运动员的比赛视频给学生观看，使学生对照自我动作发现自身不规范的地方并积极改正。通过视频观看和课余时间的强化练习，学生的技能动作将得到进一步提升。教师应该在视频播放的时候指出学生易出现的动作错误，与学生积极互动，进一步朝着规范动作迈进，建立起师生之间的评价、反馈机制，促进师生良好互动。

2. 运动技能形成中期

在运动技能形成中期，学生动作技能掌握到达了分化阶段，也是学生形成正确动作及动作习惯的关键阶段。在这一阶段中，教师需要录制学生的动作，通过对比的方式指出学生动作技能的不足；学生需要在教师的指导下及时纠正错误，尽快建立正确动作的结构模型和肌肉的记忆力。这一阶段学生要反复练习，促使自身动作朝着规范化的方向发展，最终掌握长久的技能。

3. 运动技能形成后期

运动技能形成后期是动作技能成熟的时期，处于这一时期的学生能很好地掌握动作技能要领，清晰地掌握技能各项规范动作，不断对正确动作进行强化，从而完成对动作技能的内化。

二、信息技术手段在健美操教学中的运用

健美操是高校体育教育专业需要开设的一项必修课程。健美操课程的主要任务是促进学生身体素质的提升和良好体型的塑造，培养其正确的动作姿态，使其掌握一定的健美操技术，最终达到健身、健美、健心的目的。在动作展示中，主要以展示健美操的柔韧性与力量为基础。其中，有的动作较为简单，学生一学就会；有的动作较为复杂，学生需要进行反复试错与练习，才能正确掌握。这就需要高校体育教师具备较强的示范能力，能正确示范动作，引导学生进行由易到难的动作训练，最终掌握动作技能。对于一些难度较大的健美操动作，体育教师有时无法演示清楚，就需要结合信息技术手段来进行教学。

以信息技术辅助现代健美操教学，不仅迎合了学生的学习兴趣，还能促使学生掌握正确的动作技能，加快其学习健美操的进度。一般来说，信息技术手段在健美操教学过程中的运用分为以下几个阶段。

（一）任务呈现阶段

运用现代信息技术手段来指导健美操教学，既体现在前期的备课、想课过程中，又体现在技术课的信息呈现过程中。

1. 备课

其一，在备课的时候需要充分了解备课对象的基本情况。对于未接触过健美操的大学生，应该注重基本健身操知识及技能的教学；对于已经修过健美操课程的高年级学生来说，备课的时候应该从进一步提升其健美操专业水平出发。竞技类健美操与普通健美操相比，其动作具有较大的难度，要求学生具有较高的身体素质，并掌握相关的专项技能。因此，在备课之前，应该对全体学生进行相关素质及能力测试，为备课提供参考。

其二，对教材进行钻研。钻研教材的目的，首先是确定教学内容，且必须根据健美操教学大纲的要求来呈现相关内容；其次是确定钻研内容与现代信息技术充分融合，以探索能充分体现教学内容的现代信息技术手段。

其三，确定教学的目标及要求。每个阶段的健美操教学目标及要求是不一样的，其目标及要求是按照从易到难的顺序发展的。高校健美操教师应该根据

健美操教学大纲来制定相应的教学目标，而且除了使学生掌握大众健美操的基本技术外，教师还需要具备一定的创编能力，以促使学生掌握健美操的基本动作要领。

其四，合理地安排教学内容，选择合适的教法与学法。设置健美操课程的目的是促进学生身心健美，但健美操对动作的要求较高，学生要掌握健美的动作，还需要借助信息技术力量。体育教师需要借助信息技术手段来对动作进行示范和讲解，将复杂的动作分解成若干动作，以分解的小动作来呈现整个动作，实现复杂向简单的转化。

其五，准备好健身操课堂的相关辅助教学手段，包括场地、器材及现代信息技术手段生成的多媒体。一般来说，健美操上课的地方是健美操房，教师在备课的时候就要准备好相关的多媒体器材，包括电脑、把杆、电视机、投影仪等，确保课堂上的各项设备运转完好，顺利完成教学任务。

其六，编写教案。与传统的教学模式相同，运用现代信息技术进行健美操教学时，教师也需要进行教案的编写，需要强调教学的重点与难点，设置教学过程，设计问答环节，进行课后小结等。

2.想课

所谓想课，指的是预想上课的过程，是对即将展开的课堂教学的提前规划。想课要对健美操技术教学中相关的教学环境、教学流程以及教学中的问题设置等进行充分考虑，对整节课的教学过程进行整体规划，避免遗漏教学环节，努力创设较好的教学氛围。想课是对整个教学过程的预想，对教学效果的展示具有积极的作用。

3.技术课的信息呈现

有的人认为技术课主要是展示技术，缺乏相应的生动性，其实不然，技术课经过多媒体手段，有较多的呈现方式。例如，通过学生感兴趣的内容进行教学，设置相应的教学任务，组织学生积极讨论，从而完成教学目标。

（二）信息系统阶段

信息系统阶段主要利用信息技术手段进行教学，而且这一阶段直接影响着健美操课程的教学效果。在这一阶段，学生需要带着问题及任务，在体育教师的引导下进行学习。学生需要根据教师提供的信息资源来进行个别化的自主信息处理，处理信息的过程包括信息复制、信息整合、信息保持、信息再生。

1. 信息复制

信息复制的过程主要是对照传统的教学模式来为学生介绍相关的健美操示范动作。在课堂教学中，健美操教学需要借助信息技术的手段进行，通过视频或图片来分解健美操的动作技能，呈现具体化、立体化的教学模式，促使学生在短时间内掌握相关的动作技能要领，掌握当堂课的教学内容。

2. 信息整合

信息整合是将在课上学到的碎片化的知识转化为自身学习能力的过程。体育教师要着重对教学内容中的难点与重点进行讲解，而具体可采用案例辅助形式，加深学生对难点、重点的认识，也可以结合世界知名运动员的动作示范来规范学生的动作，最终使学生掌握相应的动作技能。在这一环节中，教师需要借助信息技术连接学生与世界知名运动员的动作技能，使学生在练习的时候具有较高的准则与规范，促进其技能的掌握。

3. 信息保持

信息保持主要涉及信息呈现的时间、频率及课后复习的效果等方面。在信息呈现的过程中，对于教学任务、训练、问题回顾的时间安排分别为 2～3 分钟、5～8 分钟、1～2 分钟。信息呈现频率需要根据学生的具体情况确定，在学生练习 3～5 次之后，需要引导他们重新观看一次示范动作，帮助学生加深对动作技能的印象。课后复习是学生保持动作技能的关键，教师应该引导学生进行有规律的复习，合理安排复习时间，最终切实强化动作技能。

4. 信息再生

在学生掌握了健美操的动作技能之后，就进入了创编阶段。这一阶段是学生的再创造阶段，由于学生的能力存在差异，因此他们可以根据自我的能力水平及对健美操技能的感受进行再创造，实现信息的再生。

（三）信息反馈阶段

信息反馈阶段主要通过技术课课堂与课余网络平台两个方面进行反馈。在技术课课堂上，体育教师通过完整的运动技能训练来测试学生对动作技能的掌握程度，其主要目的是完成教学任务，同时尽可能解决学生在学习过程中遇到的难题，使学生不断加深对动作技能的掌握。此外教师还可以在课下利用现代信息交流手段与学生进行互动，指导学生进一步掌握动作技能，及时解决其在学习中遇到的困难。

（四）信息评价阶段

在这一阶段，教师通过对学生学习健美操的全过程及效果进行评价，发现教学过程中的问题及不足，及时利用现有资源改正，从而更好地完成教学。课程评价阶段分为课程评价、教师自我评价及学生评价三个方面的内容。

1.课程评价

在健美操教学中，需要将单元考核与学期综合考核结合起来，实行理论与实践技术相结合的考评形式，从而获得较为合理的课程评价。

2.教师自我评价

健美操教师需要在教学过程结束后对自己的教学状态进行评价，教师的自我评价是自己下一步工作的参考，具有积极的意义。

3.学生评价

学生是教学活动的重要组成部分，是教学内容最直接的体验者与接受者。学生评价是指对教师在课堂上的表现、方法等产生某些体验，并将这些体验客观反映出来。学生评价作为教学评价的重要组成部分，可以促进教师教学的全面优化，使教师更加全面地认识自己的教学情况，方便进一步改进。

（五）结果与分析

1.运用信息技术手段进行教学可以有效提升健美操教学效果

信息技术的先进之处在于能将健美操中较难的动作精细化分解，对连续、瞬间的动作进行放大或缩小、运动或静止演示，将教师难以清楚示范、学生难以掌握的动作技能非常直观地呈现出来，那么学生就可以在完成分动作的基础上进一步完成完整的动作。一些竞技类健美操动作难度更大，不仅在结构上较为复杂，而且各个动作需要在一瞬间协调完成。借助现代信息技术可以清楚地示范较难的动作，大大降低教与学的难度。信息技术的作用在于全面反映动作的协调性，细化每个动作，加深学生对动作技能的了解。与传统的体育教学相比，信息技术手段下的体育教学具有更大的自由度，能使学生看清动作技能的技巧、方向等，帮助学生从微观方面和宏观方面对动作技能进行把握。

2.运用信息技术手段进行教学可以提供丰富的教学内容，提高学生的学习兴趣

健美操是高校体育专业学生普遍喜欢的运动项目，究其原因是健美操带来的是运动与健身的结合，能促进身体的协调、塑造完美的身型，对学生身体、心理、健美都有一定的积极作用。将健美操的视频引入高校体育课堂，配上恰当的音乐播放，给学生带来的不仅是知识的学习，还是一种美的享受。一些世界知名运动员的表演，可以说是美与力量的再现，可以大大激发学生学习技能的动力，保持学生的兴趣与注意力，引导学生学习动作技能，掌握动作技能的要领。多媒体的引入强化了学习内容的丰富性，使学生在体育教师创设的相关情境中发挥自我的主体性，可以持续保持较强的注意力及较充足的学习动力，有利于学习效率进一步提高。

3.运用信息技术手段进行教学可以将运动技能的重点与难点更好地呈现出来

健美操中一些难度较大的动作技能需要教师在教学的过程中进行强化，对这些技能进行动作分解，并指导学生重复练习，加强肌肉记忆。信息技术的运用降低了教师阐释动作的难度，学生可以通过观看知名运动员的健美操视频接收到标准的动作技能，还可以通过慢动作回放来掌握全套的动作技能。

4.运用信息技术手段进行教学可以促进学生综合水平的提高，进一步促进学生个性的发展

在信息技术的教学环境下，不仅有画面、视频的呈现，还有声音、文字等的呈现，多种因素的共同呈现促进了教学课堂内容的多样化。这样具有感染力的情境会进一步激发学生的内在学习动力，提高学生的学习效率，使学生尽早完成对学习技能的掌握。

同时，借助现代网络空间，学生可以就某一动作及知识进行讨论与交流，这是一个能力全面提升的过程，不仅可培养学生的审美能力，还可促使学生发挥自我主观能动性，变被动学习为主动学习。

三、信息技术手段在武术教学过程中的应用

武术在高校体育教育专业中占有重要的地位，已成为高校体育教育专业学生必须掌握的一门课程。武术源于中国，是中国土生土长的运动项目，对树立民族自豪感与自信心都有积极的作用，学好武术，不仅可以继承中华民族的文化遗产，丰富民族传统体育文化的内涵，还能促进全面健身计划的实施，优化高校体育教学改革。

经过几千年的发展，武术具有了丰富的文化内涵，且动作要求较高，而借助信息技术可以推动武术的传播，将文化与动作这两大难以表述的内容结合起来，促进武术动作及技能的多方位传达。信息技术在武术教学中的作用主要包括以下几个方面：

其一，可以更好地示范，激发学生的学习兴趣。传统的武术教学主要靠教练示范进行，教练需要保证动作规范、娴熟，同时在示范武术动作的时候，还要力求动作的精神、节奏、协调与力量，这样可以给学生带来美的感受与体验，帮助学生掌握武术要领，激发学生学习的欲望。

武术的魅力在于通过动作的刚柔相济、阴阳结合、急缓相交、起伏变幻等方式形成反差，给人以美的感受，给人以力量，从而形成武术独特的风格。现实教学中，一些教师示范的动作不够规范，影响了学生对武术兴趣的生成，再加上武术有一定的文化性，学生有时很难切实领悟具体动作，无法提高学习武术的效率。现代信息技术的应用使武术教学方式有了较大改进：一方面，它解决了武术示范动作不规范的问题，可以对动作进行拆分，从而加深学生对动作的印象，促进学生突破较难动作，实现武术动作技能上的提升；另一方面，运用信息技术可以展示武术文化的博大精深，展示时代更迭背景下武术的强大生命力。这些都有助于学生进一步了解武术及学习武术的意义，使其在学习武术的时候自觉养成良好的习惯，在短时间内提升武术技能。

其二，现代信息技术的运用活跃了学生练习的气氛。武术教学初期教师的教与学生的学同样重要，在学生掌握基本的动作要领后，学生的学显然要更重要一些，其需要保持练习并加强锻炼，以大幅提升相关技能。在这样单调、重复的情况下，学生很可能会失去练习的耐心，逐渐丧失学习的热情，而运用现

代信息技术手段，就可以在训练的过程中加入音乐、节奏，使动作具有力量感与节奏感，帮助学生保持热情。在不断的练习中，学生不仅动作技能越来越娴熟，也会在练习的过程中养成良好的性格与坚强的品质。

第六章　基础拓展——教学环境营造现代体育教育专业构建氛围

第一节　高校体育教学环境理论概述及优化

一、人与环境的关系

人与自然、人与社会、人与人之间的关系是密切的，马克思从人与自然、人与社会的关系出发，对人与环境的关系进行了深刻的探讨，认为环境对人的生存与发展起着重要的作用，人可以充分发挥主观能动性来改造环境，使环境更加适合人类居住与发展。

（一）环境是人类生存与发展的基础

大自然是人类赖以生存的基础，人类是大自然长期发展的结果。人类存在与发展的基础就是自然环境，自然环境是人类生存的第一空间。自然又可以分为自在自然与人化自然，人类改造之后的自然就是人化自然，离开了人的实践活动，就无法理解人化自然。人类需要先充分认识自然、了解自然的规则，再遵循客观规律来积极改造自然。在这一过程中，人需要与大自然和谐相处，在保护大自然生态的同时，营造出适合人类发展的大环境。

（二）人类通过主观能动性来不断发展与进步

人类社会的进步离不开对周围环境的改造。在古代，因为生产力落后，人类面对自然灾害的时候处在被动的地位，但人类也利用大自然的规律，因势利导，减少了不少灾难，在大自然面前表现出了智慧。比如，洪水淹没了房屋与庄稼，就有了疏通河道、修筑水渠、引水浇灌庄稼的事例；又如，人类巧妙地利用火进行取暖、烧烤、驱赶野兽等。这些都是人类利用与改造大自然的杰出范例。

当然，人类的进步离不开环境，人类在认识与改造环境的时候也在不断刷新自己的认识并提高自身的实践能力，人的发展与环境的变化是同步的。首先，人类对环境的认识需要经历从感性认识到理性认识的过渡，其能力是不断提升的；其次，人类对环境的改造表现在在遵循大自然客观规律的前提下不断发展生产力、不断创造人类的奇迹，展现人类本质力量；最后，人类通过对社会关系的变革，不断促进文明发展、推动社会进步。

二、高校体育教育专业环境的构成要素

一般来说，高校体育教育专业环境由硬件环境与软件环境构成。硬件环境主要指客观的物理环境，包括教学过程中的物质基础；软件环境主要指通过人的行为的变化而产生的变化，属于非物质条件。具体而言，硬件环境包括大自然、教学设施；软件环境包括师资队伍、人际关系、教学制度、信息交流等。具体如图 6-1 所示。

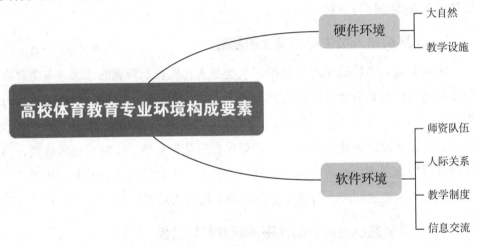

图 6-1　高校体育教学环境构成要素

（一）大自然

大自然在高校教学环境范畴内主要指的是高校教学的自然环境，体育教学与其他课程不同之处在于其以身体和专项技能锻炼为主，身体处在客观自然环境中，对温度、湿度、空气等都有较高的要求，这些因素直接或者间接地影响体育课的教学进度、质量、效果等。如果遇到大风、下雨的情况，户外运动是无法开展的；如果在室内体育场馆进行教学，则对光照、通风、温度、湿度等都有一定的要求。一般来说，如果体育场馆的各方面条件良好，那么师生在教

与学的过程中会保持清醒的头脑，更容易集中注意力；相反，如果环境欠佳，那么教学过程受外界的影响就会很大，学生的学习效果也会较差。总之，良好的体育教学环境能保证学生不受外界环境的影响，对于学生理论知识学习和体育技能提升都是有利的。

（二）教学设施

教学设施指的是在教学过程中需要依靠的教学手段，主要包括教学场地、教学器材、教学活动空间等。教学设施的水平还与一系列的服务项目有关，如场馆周围的自然环境、场地及器材的维护等，这些因素都会或多或少地影响学生的兴趣及教师授课的心情。教学设施配备齐全、质量优良，能保障学生的生命安全，能使学生学习到全面的体育知识，有利于加深学生对体育动作的了解与学习。

（三）师资队伍

师资队伍是教学环境的重要组成部分，教学活动的发生需要教师与学生的共同参与，缺少了任何一方都不能进行。良好的师资队伍有助于学生养成良好的体育习惯，真正在体育课程中学习强健体魄、保养身体的方法，为进入社会打下坚实的基础。教学经验丰富、课堂掌控力强、应变能力强的教师可以很好地化解课堂上出现的各种矛盾，还能根据学生及课堂的变化，调整自己的教学进度及方式，充分利用教学机制进行教学，优秀的师资队伍已成为提升教学质量、构建一流专业的最有力的保障。

（四）人际关系

人际关系属于教学环境的一个重要组成部分，良好的人际关系可以促进学生与学生、学生与教师、教师与教师间的和谐相处。其中，教师与学生的关系主要体现在教学活动中，二者之间的良好关系是维持教学活动稳定的基础。构建良好的师生关系可以使教师更多地了解学生，使学生愿意敞开心扉向老师提问，使学生与学生之间更加团结。因此，体育教师可引导学生明白合作的关系大于竞争的关系，从而营造良好的师生关系与生生关系。

（五）教学制度

高校的教学制度决定着优秀教师的选拔与培养，其是建立在确保人才培养科学性、有效性基础上的。好的教学制度能保障较高的教学质量，可以培养出高质量的人才。教学制度主要包括课程的制定、预测课的发展方向、教师对课堂的管理等方面，以及班级规模、教学内容、考核方式等方面。

（六）信息交流

信息交流不仅表现为课上交流，还包括课下师生、生生之间的互动。体育教学主要包括理论知识的讲解与动作的传授，以及对学生错误与不规范动作的纠正。另外，信息交流还包括一些线上交流，其与实际的教学相比自主性更强，也便于教师利用现代科技手段把一些抽象的、理论性强的内容直观地呈现给学生，最终达到预期的教学效果。

第二节　高校体育教学硬件环境优化

体育教学的开展需要借助必要的体育场地、器材、设备等，这样才能确保教学的顺利进行。开展体育教学活动时需要依据一定的设计原则与规范，对学校的建筑、设备及其他硬件进行组织，使这些硬件之间产生必要的联系，促进它们运行并发挥积极作用。硬件环境是体育教学展开的物质基础，硬件环境的好坏直接影响体育教学质量的高低。因此，高校体育教学硬件环境需要不断优化，这是高校构建体育教育专业、促进专业发展的必要条件。

一、硬件环境对体育教学的影响

硬件环境影响着体育教学的效果，主要表现在以下几个方面：①体育教学硬件环境对教师的影响较大。好的硬件环境能帮助教师进行教学内容优化，尤其是多媒体的引入，能促进现代体育教学的发展。体育教师可以充分利用现代多媒体技术进行教学，拓展学生的认识与体验，这对促进学生的成长也具有积极的作用。另外，好的硬件环境也能促进教师的自我提升，为教师成长为专家型教师提供条件。②体育教学硬件环境对学生的影响较大，可以增加学生的感性知识，促使学生的认识向理性认识发展。体育教学对客观的硬件环境要求较高，需要借助一定的场地与设施展开，这就要求高校体育教育专业在构建的过程中将硬件环境当作重点发展的版块，助力体育教育专业化、现代化发展。③体育教学硬件环境对体育教学的组织形式影响较大。一般来说，体育教师在硬件充足的教学环境中，会根据教学内容的不同进行多样化的尝试，以达到最佳的教学效果。硬件环境较差的学校，因为选择的范围较小，可供利用的教学资源也较少，会使体育教师无法开展多样化的教学。④体育教学硬件环境对班级规模、教学内容选择具有较大的影响。体育教学硬件环境需要不断优化，而要优化硬件环境，还需要寻找影响体育教学硬件环境的因素，并充分利用这些影响因素，从而促进体育教学朝着现代化方向发展。

二、体育教学硬件环境的优化方向

在优化硬件环境的过程中，需要结合我国高校体育教学环境的现状，优化解决设施问题，保证硬件环境优化朝着既定的方向发展。

其一，体育教学硬件环境的优化，需要与国家现阶段的政治、经济、文化实力相契合。体育教学硬件环境的建设受到我国各方面的影响：政治制度直接影响我国的教育制度，对体育教学会产生相应的影响；经济基础影响着硬件环境的优劣，经济基础好，各项硬件的构建也会趋于完善。一般来说，体育教学硬件环境可以代表高校的面貌，对专业的构建起着积极的作用。

其二，优化体育教学硬件环境要秉持实事求是的原则。我国是发展中国家，与发达国家相比，各方面还存在一定的差距。因此，在构建体育教学硬件环境的过程中，要从实际情况出发，在节约的基础上实事求是。

其三，硬件教学环境的打造要坚持实用性，即外部硬件环境要是围绕教学需要打造的，是为了提高学生的体育素质而建立的。如果硬件环境的实用性较差，那么就会造成教学资源的浪费，所以需要充分考虑其实用性，充分为教学服务。

其四，硬件环境的打造应该与地域特点、学校特点相结合。地域资源利用得好，不仅能发展地域体育，还能解决硬件环境的经费问题，从而实现区域资源的合理配置。地域特点的充分挖掘还可以为高校构建特色体育专业奠定基础，益于有效利用地域资源为体育教学服务。

其五，优化体育教学硬件环境，应该考虑到当地的经济发展现状。体育教学硬件环境的构建需要大量经费的支持，这些经费的来源主要是中央政府与地方政府。如果当地对教育足够重视，那么会投入较多的经费积极构建体育教学硬件环境，而这在一定程度上影响着硬件环境构建的质量。

其六，硬件环境的优化需要与体育教学的发展步调相一致。正如某美国学者所说："作为体育教学环境的优化者，即设计师、建筑师，应该把教育的要求翻译成建筑学的语言，即把教育的语言和信息转换为建筑学的语言和信息，从而更好地发挥体育教学环境的功能。"学生在适宜的环境下可以全身心地投入到体育学习之中，提升体育教学的质量。

其七，硬件环境的优化应该是健康的、安全的、绿色的。优化体育教学硬件环境的最终目的是优化体育教学，促进学生身心发展。硬件环境的构建需要结合学生身心发展的特点，同时保证学生在其间学习能增强自身体质，养成健康身体。体育硬件环境的构建还要考虑设备、场所的安全性，确保学生在安全的环境中进行体育学习及技能训练，充分发挥硬件环境的价值。

三、体育教学硬件环境的优化策略

目前的高校硬件环境构建遵循《普通高等学校体育场馆设施、器材配备目录》相关的规定，但还有部分学校存在硬件配备不足的现象。通过对各省份体育教学硬件环境构建情况的调查可以发现，我国各省份高校的体育教学硬件环境存在一定的差异，发展水平不一。另外，不同类别的体院教学硬件环境也存在差异。要提升体育教学硬件环境，需要从以下几个方面来拓展。

（一）构建经费

经费是优化体育教学硬件环境的基础，经费充足，硬件环境的构建就会更顺利。当前很多高校面临经费不足的问题，因此要构建现代体育教学硬件环境，先要解决经费不足的问题，接着再谋求更多教育经费来不断优化。

（二）要合理利用现有的地域资源来谋求硬件环境的优化

哲学上强调利用特殊性来甄别事物，寻求差异化的发展。对于高校的体育资源来说，不同的省份、不同的地区存在差异，各地区都有其自身独特的优势。因此，各地区在构建体育教学硬件环境的时候，要充分结合当地的教育资源优势，这样不仅可以大大降低成本，还可以彰显区域特色。在硬件环境中，体育场馆是高校的标志性建筑，这些建筑凝聚着高校的历史、文化、人文气息，办学特色、培养目标等，在构建时应充分结合当地的地域特色，以凸显体育教学硬件环境的特点。

（三）构建高校体育教学硬件环境的时候彰显人的重要性

体育教师、学生需要克服困难，积极参与到硬件环境的优化中，可以发挥自己的能力改善体育教学硬件环境，促进体育教学硬件环境的发展。对于已经建立好的硬件环境，体育教师与学生要有爱护意识，在使用场地及体育器材的时候要自觉保护硬件环境，延缓硬件的使用期限，构建良好的硬件环境保护机制。

（四）采取联合建校的方式来节省硬件环境构建的经费支出

随着高校规模的不断扩大，其办学经费与教学经费的支出变得越来越大，由此相继出现了一批以大学为主题、以城市为依托，实现了资源共享、功能互补、产学研一体化的社区群落，这在一定程度上促进了高校教育的发展。大学城就是一个典型的案例。大学城的建立，可以促进学校之间的资源共享，使其减少构建硬件环境的经费支出，一定程度上减轻经费上的压力，同时也促进了区域硬件环境的构建，而这样的环境更稳定、更适合学生的发展。

（五）发展民办教育

在高等教育投入中，民办学校起着重要的作用，已成为高等教育的资源供给方，也客观上推动了高等教育投资体制的改革。民办高校的出现在一定程度上缓解了高等教育经费的紧缺，其拥有较为完善的教学硬件环境，承担着为社会输送人才的作用，所以要大力发展民办教育，使之成为我国教育发展的重要力量之一。

（六）合理选择、购买体育教学相关运动器材优化体育教学环境

购买体育教学器材需要从高校的实际情况出发，以实用性为原则，而且在购买之前应就运动器材的类型、数量、型号等进行调查，选择性价比较高的一类，实现实用性与经济性的统一。

（七）合理安排体育教学以凸显体育教学硬件环境

体育教师可以根据教学内容来选择恰当的教学方式，从而实现对高校体育教学硬件的充分利用。体育教师要通过教学设计凸显硬件环境的优势，促进教学成果的转化。

第三节　高校体育教学软件环境优化

目前，关于教学环境设计的研究工作出现了两大进展：首先，教学环境的范围不断扩大，学校气氛作用心理环境一度成了教学环境设计的研究对象。教学环境设计除了要考虑相关的物质环境因素，还要考虑学校的风气，因为良好风气在整个学校环境系统中占有重要的地位。其次，教学环境设计更加贴合现实，人们会根据教学的变化与发展来设计外部环境。

一、高校体育教学软件环境

高校体育教学软件环境与硬件环境相比，其衡量起来具有一定的难度。硬件环境中的各个要素都是看得见、摸得着的客观存在的事物，而软件环境是一个看不见、摸不着的环境因素，但其又在高校体育教学中起着重要的作用。良好的体育教学软件环境可以促进体育教学顺利开展，引导学生积极思考，获得人生体验与智慧，还可以促进体育教学硬件环境得到充分利用。高校体育教学软件环境能否正常发挥作用，主要取决于体育教学软件环境的设计与优化是否合理。环境优化的最终目的是促进教学外部环境的构建，即构建一个适宜教学的理想环境。体育教学软件环境的优化是在全面了解体育教学软件环境的基础

上结合现实所构建的未来的环境，这一优化的方向一直指向未来，因此体育教学软件环境具有先进性，其规划源于现实又高于现实。

高校体育教学软件环境主要包括体育教师、学生及师生关系等。软件环境构建的重中之重是围绕体育教师、学生展开的，因为体育教师和学生分别是教学的主导与主体，二者共同促进了教学活动的开展，所以要进行软件环境的优化，需要通过对人的优化来实现，而对人的优化表现在对教师、学生的优化上。从个人层面来说，对师生的优化表现为教师专业能力的提升及学生综合素质的提高；从群体层面来说，对师生的优化表现为对教师与学生之间各种关系的维护与优化，主要包括教师与教师、教师与学生、学生与学生之间的关系。

一般来说，影响体育教学软件环境的因素主要是软件环境自身的因素，这些因素直接或间接地影响着教学软件环境的提升。在体育教学软件环境优化的过程中，需要遵循的原则有实效性原则、统一与个别相结合原则、可行性原则、可操作性原则、可持续性原则、逐步实现原则等。

二、高校体育教学软件环境优化的途径

对高校体育教学软件环境进行优化，需要从教师与学生出发，着力对教师、学生及各方之间的关系进行优化，以此来提升高校的软件环境建设。

（一）体育教师的赋权

赋权来自管理学，"赋权增能"是管理学的重要理论，自 20 世纪 80 年代以来得到发展，后来从管理界引入教育界，对教育界的影响深远。"赋权增能"所体现的是权力与效能之间的关系。对于体育教学来说，赋权意味着体育教师将拥有更多的教师权力，更有利于提升体育教师的效能，进而促进教学活动的开展，最终提升体育教学质量。从形式上看，对体育教师赋权，并不会直接影响体育教学各环节，但却会导致体育教学组织发生变化，从而提高体育教师的工作积极性，培养体育教师的自我效能感，最终提升体育课堂的教学效果。

1."赋权增能"

在赋权的过程中，教师的角色会发生相应的变化，体育教师由原来的教学诊断者变成了教学研究者，由知识管理者变成了教学经验建构者，由技能行动

者变成了实践智慧拥有者。赋能还表现在体育教学改革中，体育教学改革给予了体育教师一定的权力，使体育教师成为了教学改革的主导者与行动者。赋能不仅是一种管理方式，而且是一种奖励机制，体现了对体育教师这一角色的肯定，也是体育教师实现自我价值的重要途径。

21世纪的课程改革对教师提出了更高的要求，对教师的思想与理念、内容与形式、组织与评价等都提出了具体的要求，同时对教师的素质与技能也提出了更高的要求。其中，教师角色定位成为了课程改革的重点，教师不再担当原来的教学大纲的实施者角色；在整体课程标准指导下，教师成为了课程的设计者，是主导课程发展的重要角色。这一角色的变化使一线教师有了巨大的压力，体育教育专业教师也不例外，也面临着巨大的挑战。

教师要实现"赋权增能"，需要实现权力共享，即教育领导者需要交出一定的权力与教师共享，使教师获得更多决策的机会，而在决策的过程中，教师也会提出许多观点来促进现实问题的解决。在权力共享的情况下，教师的地位即可得到提高，能获得决策的权力，教师群体的积极性也会被充分调动。对于体育专业来说，体育教师不仅是课程的主体，也是教学的主体，对体育教师的赋权包括两方面的内容，即个体主动赋权与外力推动下的赋权，因此高校体育教师赋权也应该从教师内部（自身）及外部（体育教学管理者）两个方面来实现。

2. 体育教师的"赋权增能"

（1）加强教师的自身发展，促进其各方面能力提升。

首先，教师自身发展需要教师具有自主意识与自我反思意识。一方面，教师需要紧跟时代潮流，与现代教学形势接轨，不断发展自身各项能力，实现自我能力提升；另一方面，教育外部要提供一部分支持，为教师能力提升创造一个良好的外部环境。教师要实现自身发展就要进行教学反思，教师的反思能力既直接关系到教师专业的发展，又是体育教学软件环境及硬件环境得到充分利用的前提。反思所表现的是一种思辨能力，反思主张教师从现实出发，通过不断从实践中汲取经验，实现自我能力提升。在教学开展过程中，体育教师需要对教学活动相关内容与效果进行总结、反思，改进不好的地方，坚持好的地方，以成为好的课程研究者，同时促进自身各项能力全面发展。

其次，体育教师还需要进一步提升专业自主权。教师不仅是教学的引导者，还是教学的研究者，这就意味着教师需要依据自己的专业能力来构建教育行为，这就是专业自主。专业自主强调的是专业人员或专业团队，依据自身的专业知识、技能等来指导自己的专业行为，促进相关领域的创新发展。体育教师在体育专业知识与技能方面享有专业自主权，可以按照教学内容及学生现状来确定教学形式，即体育教师作为体育领域的专业人员，对体育专业相关工作享有自由决定的权利。此外，体育教师的专业自主权也是当前体育课程改革发展的客观要求，也就是说，体育教师只有具有自由支配权，才能在体育专业领域建立起决定权与执行权，抗拒非专业的干预，从而实现在自己岗位上的专业自主权。

再次，体育教师要具有"肯定的自由"。"肯定的自由"指的是自我效能的充分发挥，所宣扬的是自信与自我实现，是一种自我肯定。与"肯定的自由"相反的是"否定的自由"，它作为一种以实现自我的方式对外部力量的反抗，也是排除外部力量干扰的一种能力。体育教师在教学开展过程中具有"肯定的自由"与"否定的自由"，这两种自由表现在体育专业教学领域中就是坚持自我能力的展现，积极排除外部干扰，获得良好的教学效果。

最后，体育教师需要增强专业知识、技能方面的能力。这两方面能力代表着教师的专业能力，而要提升教师这两方面的能力就要着眼于教师专业技能与专业自主意识的培养。对体育教师的赋权，就是要克服教学过程中的难题，专注于提高教师这两方面能力，使教师由被动接受变成主动参与。教师只有真正参与到教学开展、课程改革、专业构建当中，才能在实践中不断提升专业能力。

（2）通过外部力量的推动来实现对体育教师的赋权。外部力量指的是除体育教师自身以外的力量，是保证体育教师在自己专业领域有更多参与机会、决策机会、自身发展机会的力量。高校教师所拥有的权力不仅来源于自身争取这一种渠道，外部赋予也是实现教师赋权的有效途径。

首先，明确体育教师角色的定位。随着体育课程改革的推进，人们对体育教师的态度逐渐由"是造成问题的一部分"转变为"是解决问题的一部分"。

"体育教师不是体育课程改革中被改革的对象，而是体育课程改革的主体"等观念的出现，说明人们对体育教师角色的定位有了正确的认识。体育教师是体育教学改革的执行者、实践者、研究者，缺少了体育教师，体育教育实践也就是无"人"的教育实践了。因此，在当前体育课程改革的大背景下，一线体育教师是最有发言权的人，他们了解体育教学中存在的问题，因此远离教学实践的体育教学管理者不能以某种固定的模式强行推进改革，而应该多咨询一线体育教师的意见和建议，以指导体育教学，推动体育课程改革。

其次，教育管理者放权。体育教学管理者的角色主要包括教育者、行政管理者、文化领导者、专业团队成员、个人等，不同的角色产生的体育教学效能也不同。不同的角色会产生不同的管理行为。例如，教育领导者尽管曾是教育能手，有着丰富的教学经验，但体育教学是非固定的；教育专家有着宏观教育视角、先进的教育思想，但他们远离"一线"，不能充分理解或者观察一线体育教学的"实然"状态。只有体育教师是直接的参与者，即体育教学实践是体育教师的工作时空，并且在这个工作时空中，体育教师的重要性不可替代。任何体育教学实践之外的力量都必须经过体育教师才能从理论智慧变为实践智慧。正因为体育教师在体育教学中的无可替代性，以及体育教学管理者实践性智慧缺失，所以要想提高体育教学的质量，体育教学管理者就应该敢于恰当地"对下"放权，努力促进体育教师从诊断者向研究者的角色转变。

（二）优化学生

学生是体育教学软件环境的重要组成部分，是除教师之外的另一个重要元素。要想优化体育教学软件环境，还需要对学生进行优化，学生优化的程度越高，体育教学软件环境构建得就越好。目前，我国高校体育教育专业还存在学生自主性较差、创新力不足、参与体育活动的兴趣很小等亟待解决的问题，这些问题不解决会影响整个体育教学软件环境的优化，所以优化学生是优化高校体育教学软件环境的一个重要组成部分。虽然优化学生的手段多样，但需要多方面的优化方案共同作用于学生，以促进学生群体整体优化。

1. 体育教师的积极带动

体育教师对学生体育理念及体育技能、习惯等方面的影响是重大的。体育教师的教与学生的学共同组成了教学活动，两者紧密衔接。体育教师在开展教学之前，需要做大量的准备工作，这些工作的最终目的是呈现一堂精彩绝伦的课，引导学生全身心投入其中，感受体育的魅力，逐渐培养学生的自主学习能力，在教与学的过程中使学生学习各种先进的理念，最终促进学生优化。

2. 学生自身体育知识、技能的优化

大学生已经具备了独立学习的能力，再加上现代信息技术的发展，其可以借助网络不断学习理论及技能，增强自身的身体素质与体育技能。学生自身能力的优化方式具有多样性。比如，可以通过课外的学习，增强自信心；可以向体育教师请教，与同学切磋学习；可以通过参加学校的体育社团，提升自身的体育能力；可以借助互联网了解体育方面的动态，激发自己对体育的兴趣。

结　语

高校体育教育既是我国高等教育和终身体育的重要组成部分，也是我国体育事业不可缺少的重要环节。但是，在素质教育全面实施的背景下，传统的高校体育教学指导思想、内容、模式、评价体系已逐渐不能适应学生的发展。因此，总结高校体育发展的历程，发现其中的问题，提出高校体育教学改革的走向及模式，对加快高校体育改革和大学生健康理念的形成具有重要的现实意义。

一、综合分析概要

从我国高等体育教育的客观情况来看，对 21 世纪高校体育教育发展模式的研究概括起来包括四个方面：一是全新的素质教育观念。它要求把"全面发展""协调发展""完善发展"和"发展个性"等素质教育思想真正贯彻到当前实施的素质教育中。二是现代化的高校体育课程。它要求高校体育教育必须围绕把每一个大学生都培养成既德才兼备，又具有新型生命观、健康观、运动观、审美观，并能够适应现代社会变革的新型人才而设置和更新体育课程。三是卓有成效的对策、方法。它要求中国的高等体育教育在全方位与国际接轨的同时，能够切实担负起增进大学生健康、发展大学生个性、激发大学生潜在创造力的教育职责。四是科学的理论研究、规范的方法体系和可靠的实践结果。它要求 21 世纪中国高校体育教育模式必须融科学性、先进性、系统性和规范性于一体。所以，加速对 21 世纪高校体育教育发展方向及模式的研究，既有深刻的社会背景，也是中国高校体育教育研究向深层次探索其内涵的重要标志和体现。

二、高校体育教学发展方向的改革

（一）树立"健康第一"和"终身体育"思想

根据《全国普通高等学校体育课程教学指导纲要》规定可知体育课的基本

目标，即树立相对适应的体育教学指导思想，把体育锻炼和健康教育结合起来，通过体育教学原理、手段、方法促进学生身体健康、心理健康并拥有良好的社会适应能力。体育课程目标的多元化必然会带来教学指导思想的多元化格局，高校体育课程改革应该在"健康第一"和"终身体育"的思想指导下进行。

（二）贯彻"以人为本"的理念

在高校体育教学改革中，要特别关注满足学生全面发展的需要和学生的情感体验，特别注意体现学生在学习过程中的主体地位，真正发挥学生的主体作用，让学生在轻松愉快的过程中进行体育训练，从而最大限度地调动学生学习的积极性和主动性。

（三）注重教材体系改革和创新

在高校课程的安排上，应相应地减少必修课的比例，增加选修课比例；应加强课外体育锻炼的组织和实施，建立以健身内容为主的新体系，使学生体会到运动的价值不仅在于提高运动水平，更重要的是要掌握健身运动的科学方法；应增进健康服务，增设学生喜爱的体育休闲项目，提高学生参加体育活动的兴趣，充分发挥学生的积极性和创造性；应做到以学生为主，让学生从"要我学"向"我要学"转变，完成从"学会"到"会学"的转变，同时注意教学方法和手段的多样性，确保学生在已有的水平上继续提高；应创造条件使学生体验到运动的乐趣、成功的满足，引导学生增强体育意识、养成自觉锻炼的良好习惯。

（四）健全学生体育课的评价体系

体育课评价应围绕健康这一核心目标，从心理、生理、社会三个方面来进行。应建立健全学生体育课成绩动态评价体系，同时应加大对体育锻炼的过程性评价，重视身体素质达标和体育理论知识的考评，加强对体育教学评价和考核方法的研究，使之符合素质教育的要求。

（五）教师综合素质的培养提高

加强师资队伍建设，全面提高体育教师的教学能力、组织能力、训练能力、自学能力、创造能力、科研能力、审美能力等综合素质。加强对教师的培训，通过培训来提高他们的教学水平和教学技巧。教师应学会激发学生的学习兴趣，鼓励学生全身心地投入到学习活动中去，适当地纠正学生学习过程中出现的错误。

三、高校体育教学的发展模式

各地高校通过不断的探索和实践，总结出并列型、三段型、分层次型、俱乐部型等高校体育教学模式，其中一些教学模式非常受学生欢迎，但对场地、器材和师资力量要求较高。目前，分层次型和俱乐部型的体育教学模式只有在场馆设施较为完善的重点高校才能实现。"一个模式，一种规格"的高校体育教学组织形式，制约了大学生个性特点的发展，妨碍了大学生潜在创造力的发挥。扩大学习自主权、拓宽学习自由度并以启发学生创造性完成技术动作为主线的体育教学组织形式，符合大学生自我意识的发展特点，也符合大学生的体育观和情感发展特点，更符合大学生的思维方式。

"体育基础理论 + 体育文化讲座 + 体育欣赏和技战术应用辅导"的理论课程模式具有以下优势：①调动了大学生自觉学习体育文化知识的积极性和自觉性；②有利于培养大学生的体育能力，陶冶大学生的情操，塑造大学生的气质；③成功地利用了书本、电教、竞赛、讲座和休闲等方式，科学地拓宽了大学生自主和自由学习体育文化知识的时间和空间，卓有成效地提高了大学生的体育文化素质。

"营造校园体育文化环境，构建课外体育俱乐部"的校园体育文化建设模式，不仅能够融课外体育活动时间多、空间大，以及活动内容针对性强、实效性高等特点于一体，还顺应了大学生身心发展的规律和高等体育教育的时代特征，能够在高校体育教学、竞赛和活动中发挥重要的主渠道作用。各普通高校在全面推进素质教育和深化高校体育教学改革的进程中，加大对全面提高大学生整体素质的方法、对策进行系统性研究的力度，以期为我国高等体育教育学科建设、基础设施建设，以及探索和构建 21 世纪高等体育教育发展模式等提供更为科学的理论依据和可供借鉴的咨询建议。

"三个紧密结合"的心理教育方法的意义如下：①调动了学生参与运动、学习体育的主动性和积极性；②锻炼了学生意志，发展了学生个性；③培养了学生能力，增强了学生自信；④激发了学生潜在的创造能力，提高了整体素质；等等。从系统研究的结果看，该方法科学含量较高，实效性强，且操作简便易行，具有普遍的实践应用价值。

综上所述，高校体育教育作为一门新兴学科，既是培养现代人才的一个重要组成部分，也是实施素质教育的一个关键环节。因此，它首当其冲地担负着增进大学生健康、发展大学生个性和激发大学生潜在创造力的教育重任。所以，通过拓宽高校体育教师的知识结构、提高其学历层次、优化其职称结构来增强高校体育教师的业务素质，提高其教学水平、科研水平和协作攻关能力等，不但能够有效地密切高校体育科研与教学实践之间的相互依赖、相互促进关系，而且对于完善高校体育教育自身的学科体系，巩固其在现代化高等教育中的学科地位也有着重要的作用和重大的意义。

参考文献

一、专著

[1] 邵林海. 地方高校体育教师专业发展研究 [M]. 北京：冶金工业出版社, 2018.

[2] 于素梅. 体育教师专业发展"五课"门道 [M]. 北京：教育科学出版社, 2020.

[3] 潘凌云. 当代体育教师专业发展研究：基于教师主体性的视角 [M]. 北京：北京体育大学出版社, 2014.

[4] 崔纪芳, 周生灵. 体育教师职业素养与专业化发展研究 [M]. 西安：西安交通大学出版社, 2017.

[5] 王慧琳, 闫伟. 理论与实证：体育教师队伍建设与专业发展 [M]. 北京：北京体育大学出版社, 2016.

[6] 庄容. 高校体育教育 [M]. 南京：河海大学出版社, 2001.

[7] 刘伟. 高校体育教育创新理念与实践教学研究 [M]. 北京：九州出版社, 2019.

[8] 柴伟丽. 基于教师职业发展的体育专业师范生教学技能训练探究 [M]. 北京：中国大地出版社, 2018.

[9] 王健. 体育专业课程的发展及改革 [M]. 武汉：华中师范大学出版社, 2003.

[10] 黄爱峰, 赵进, 王健. 体育教师基本技术技能标准研究 [M]. 长沙：湖南师范大学出版社, 2014.

[11] 鲁俊华, 玉龙. 大学生体育与健康 [M]. 北京：北京理工大学出版社, 2019.

[12] 梁培根. 终身体育与健康 [M]. 广州：华南理工大学出版社, 1994.

[13] T. 吉尔摩·雷夫, 拉尼儿·A. 多尔尼耶, 于涛, 等. 新体育概论终身身体活动：理念、知识和实践 [M]. 北京：教育科学出版社, 2015.

[14] 徐红琴, 文有良, 胡凤兰, 等. 体育教师教育教学研究新视角 [M]. 武汉：武汉大学出版社, 2014.

[15] 黄爱峰.体育教育专业的发展与改革 [M]. 武汉：华中师范大学出版社, 2008.

[16] 刘传进.呼唤与回应：体育教师教育专业化课程改革 [M]. 西安：陕西人民出版社, 2010.

[17] 董一凡, 牟少华.高校体育教育研究 [M]. 昆明：云南大学出版社, 2010.

[18] 袁莉萍.中国高校体育教育研究 [M]. 武汉：湖北科学技术出版社, 2013.

[19] 司荣贵.高校体育与健康教育 [M]. 苏州：苏州大学出版社, 2002.

[20] 李姗姗.现代教育思想在高校体育教学中的应用研究 [M]. 成都：四川大学出版社, 2014.

[21] 季克昪, 黄汉升.全国普通高校体育教育专业课程方案实证研究 [M]. 福州：福建教育出版社, 2001.

[22] 刘根发.高校体育与大学生心理健康教育研究 [M]. 成都：西南交通大学出版社, 2007.

[23] 杨乃彤, 王毅.高校体育教学创新及运动教育模式应用研究 [M]. 北京：九州出版社, 2019.

[24] 姜文晋, 唐晶, 李秀奇.创新教育背景下高校公共体育创新路径和科学管理研究 [M]. 徐州：中国矿业大学出版社, 2018.

[25] 林恬, 汪洪波.普通高等教育"十二五"规划教材：新编高校体育与健康教程 [M]. 北京：航空工业出版社, 2013.

[26] 《全国高校体育》编写组.新编大学体育教程 [M]. 北京：人民体育出版社, 2006.

[27] 徐丽, 牛文英, 韩博.高校体育教育与实践 [M]. 北京：新华出版社, 2018.

[28] 张勤, 陈小蓉, 张留洋.大学生体育社团与高校体育课程一体化发展研究 [M]. 长沙：湖南师范大学出版社, 2015.

[29] 匡勇进.高校体育课程资源理论研究 [M]. 西安：西安地图出版社, 2008.

[30] 赫忠慧, 韦晓康.普通高校体育课程教学案例精选 [M]. 北京：中国计量出版社, 2013.

[31] 张微, 都达古拉, 马英, 等.现代高校体育综合课程理论与实践研究 [M]. 北京：九州出版社, 2017.

[32] 黄涛.体育教育专业人才培养模式研究与构建 [M]. 北京：中国纺织出版社, 2019.

[33] 李艳翎.体育教育专业综合素质论 [M].长沙：湖南师范大学出版社,2012.

[34] 阿英嘎.信息技术与体育教育专业课程整合 [M].南京：南京师范大学出版社,2010.

[35] 陈文灯.师范类：体育教育专业 [M].北京：中国城市出版社,1998.

[36] 徐栋,高晓军.高等院校体育教育专业实习指导 [M].南京：河海大学出版社,2009.

[37] 孟昭琴.体育教育专业课程教学大纲汇编 [M].徐州：徐州师范大学（现江苏师范大学）教务处,2003.

[38] 鲁宗成,熊正英.体育教育专业导论 [M].西安：陕西师范大学出版总社有限公司,2013.

[39] 常超.现代信息技术视角下的体育教育专业发展研究[M].北京：地质出版社,2016.

[40] 王超英.高等院校体育专业教育实习理论与实践[M].北京：人民体育出版社,2000.

[41] 马波.现代教育理念下体育教学的发展和探索 [M].北京：中国商务出版社,2016.

二、期刊论文

[42] 孙涛.课程思政与高校民族体育特色教学创新改革研究 [J].体育风尚,2021(4):195–197.

[43] 黄书朋.课程改革背景下高校体育教师胜任力研究 [J].湖北体育科技,2021,40(3):279–282.

[44] 解煜,宋悠悠.普通高校体育教育专业人才培养质量评价指标体系的构建 [J].淮北师范大学学报（自然科学版）,2021,42(1):89–96.

[45] 李洋花.思想政治教育融入高校公共体育教学的策略探究 [J].体育风尚,2021(3):177–179.

[46] 李英玲.高校公共体育教学改革创新研究 [J].山西青年,2021(5):101–102.

[47] 刘金锋.高校体育教育专业评估指标体系构建研究 [J].齐齐哈尔大学学报(哲学社会科学版),2021(1):160–163,174.

[48] 任鹏.关于终身理念下的高校体育教学改革的探究 [J].当代体育科技，2020,10(36):106–108.

[49] 何超.高校体育教师专业化发展研究 [J].现代交际,2020(21):12–14.

[50] 王焕盛.高校体育教师专业发展的多元思考与提升策略 [J].体育科技,2020,41(4):150–151, 153.

[51] 徐秋香.高校体育教师专业发展的影响因素及对策研究 [J].佳木斯职业学院学报,2020,36(4):250–251.

[52] 钟丽萍,刘亚云,范成大.地方高校体育教育专业"三双四维"人才培养模式的构建与实践 [J].体育研究与教育,2019,34(6):54–59.

[53] 王健姣,孟艳红.高校体育教育专业教育实践课程体系的构建 [J].佳木斯职业学院学报,2019(9):218, 220.

[54] 郑快.高校体育教育专业学生学校体育工作能力发展研究 [J].休闲,2019(7):138.

[55] 于奎龙.地方高校体育教育专业构建"专业教育＋行业教育＋创新创业教育"模式的探索与实践 [J].体育科技文献通报,2019,27(7):42–44.

[56] 张学庆.基于教师专业发展视域的高校体育教师职后教育研究 [J].文体用品与科技,2019(4):57–58.

[57] 孙卫红.高校体育教育专业教育实践课程体系的构建 [J].成都体育学院学报,2017,43(3):121–126.

[58] 曾承志,谢云辉,陈阳.高校体育教育专业学生体育说课能力培养探索 [J].当代体育科技,2017,7(7):85–86.

[59] 张蓝予.基于高校体育教育专业学生教学能力培养的调查 [J].产业与科技论坛,2017,16(1):164–165.

[60] 汤亚平.简析高校体育教育专业教学评价体系的构建与优化 [J].运动,2016(12):83–84.

[61] 吴卫.浅论高校体育教育专业学生教学能力的培养与提高 [J].考试周刊,2016(42):100.

[62] 于奎龙.地方高校体育教育专业实践教学体系构建与实施 [J].当代体育科技，2015,5(20):64–66.

[63] 江艳平.高校体育教师教育的发展困境及其改革走向 [J].教育与职业,2015 (6):88–89.

[64] 宋垒则.终身教育与高校体育教师专业化发展研究 [J].大学教育,2014 (12):48–50.

[65] 陈晓春,郑晓明.高校体育教育专业本科课程设置改革的系统构建 [J].淮海工学院学报(社会科学版),2011,9(11):54–56.

[66] 张东黎.高校体育教师专业化教育及其发展 [J].重庆社会科学,2010(7):97–100.

[67] 于军,马祥海,黄健.高校体育教育专业田径类课程实践教学体系的构建与应用 [J].首都体育学院学报,2008(6):124–128.

[68] 李忆湘,刘小翔.高校体育教育专业通识教育课程目标及内容体系构建 [J].天津体育学院学报,2005(6):99–101.

[69] 吴家琳.高校体育教师继续教育的 SWOT 分析及发展策略 [J].体育学刊,2005(2):75–77.

[70] 张学研,王崇喜.对普通高校体育教育专业学生能力培养与评价的研究 [J].体育科学,2000(6):15–18.

[71] 张学研.提高高校体育教育专业学生能力的对策 [J].湖北体育科技,2000 (3):73–75.

附录一

《全国普通高等学校体育教育本科专业课程方案》

一、培养目标

本专业培养能胜任学校体育教育、教学、训练和竞赛工作，并能从事学校体育科学研究、学校体育管理及社会体育指导等工作的复合型体育教育人才。

二、培养规格

（1）领会和掌握马克思列宁主义、毛泽东思想、邓小平理论基本原理和"三个代表"的重要思想；熟悉国家有关教育、体育工作的方针、政策和法规；热爱教育事业，具有良好的思想品德。

（2）掌握学校体育教学、健康教育教学、体育锻炼、运动训练和竞赛的基本理论与方法，具有创新精神、实践能力和较强的自学能力、社会适应能力。

（3）了解学校体育改革与发展的动态以及体育科研的发展趋势；掌握基本的科研方法，并具有从事体育科学研究的能力。

（4）掌握一门外国语和一门计算机语言，能阅读本专业的外文书刊，具有运用计算机的基本技能，达到大学英语四级等级和计算机二级等级的要求。

（5）具有健康的体魄，养成良好的卫生习惯和健康的生活方式。

（6）具有感受美、鉴赏美、表现美和创造美的情感与能力。

三、专业课程及课时分配

各类课程课内总学时为 2 600 ~ 2 800 学时，除公共课约 720 学时（按教育部有关规定执行）外，按 1 900 ~ 2 100 学时、100 ~ 110 学分安排专业课程（以下按 110 学分安排）。

（一）必修课程（1 126 学时、60 学分）

1. 主干课程

必修课程中主干课程总学时约 846，总学分约 45。各校可根据下列 6 类课程领域自主开设和组合各学科领域的课程。

课程领域：

体育人文社会学类，包括学校体育学、体育心理学、体育学概论、体育社会学等课程。

运动人体科学类，包括运动生理学、运动解剖学、体育保健学、运动生物化学等课程。

田径类，包括田径、户外运动、定向越野、野外生活生存等课程。

球类，包括篮球、排球、足球等课程。

体操类，包括基本体操、健美操、舞蹈等课程。

武术类，包括武术、跆拳道等课程。

2. 一般必修课程

各校可从下列一般必修课程中选择开设 4 ~ 5 门课程（球类课程中篮球、排球、足球除外），约 280 学时，15 学分，亦可根据实际情况以其他课程置换其中的 1 ~ 2 门课程或自主开设 1 ~ 2 门具有特色的课程。

一般必修课程：体育科学研究方法导论、体育统计学、运动训练学、健康教育学、顶点课程、球类、艺术体操、地方性运动项目。

（二）选修课程（880 学时，50 学分）

1. 分方向选修课程（约 530 学时，31 学分）

学生须选修第一方向课程 270 学时，16 学分，在第二、三、四、五方向选修课中各选修 2～3 门课程，总计约 260 学时，15 学分。

各校可根据社会需要和本校实际具体确定开设分方向选修课程。建议开设的选修课程如下：

（1）体育锻炼手段与方法方向。主项提高课：田径、篮球、排球、足球、体操、武术；副项提高课：田径、篮球、软式排球、足球、体操、健美操、武术、地方性运动项目、艺术体操、舞蹈、乒乓球、网球、羽毛球。

（2）体育教学训练方向。体育课程与教学论、体育教学设计，体育学习原理，运动生理学，运动心理学，体育测量与评价，体育绘图，学校体育发展史，运动竞赛学，体育游戏，遗传学基础，运动训练学，竞技教育学，体育场地与设施，运动生物力学，运动营养学，比较体育。

（3）社会体育方向。社会体育概论、休闲体育、传统健身理论与方法、健身锻炼方法与评定、运动环境与健康、社区体育指导、体育人类学、体育媒体论、体育管理学、体育市场与营销、体育产业经营管理、职工体育组织与管理、体育经济学、体育锻炼与心理健康、体育法学、体育伦理学、体育广告、体育新闻。

（4）体育保健康复方向。学校卫生学、安全防护与急救处理、运动免疫学、运动创伤学、体育康复学、康复心理学、残疾人体育、保健推拿、中国传统养生文化、心理健康与咨询、运动处方理论与应用。

（5）民族传统体育方向。民族传统体育概论、民族传统体育竞赛与训练、民族传统养生方法、地域民间体育。

2.任意选修课

学生选修此类课程应不少于 350 学时，19 学分。

各校可根据实际情况开设本专业任意选修课程和跨专业任意选修课程，供各校参考开设的本专业任意选修课程如下：

（1）理论学科选修。体育人才学、体育摄影、康乐设施经营与管理、现代商业体育、运动损伤与预防、运动选材学、学校卫生学、体育文献检索与选读、专业外语、体育国际公共关系、学校体育器材制作与维修、体育多媒体课件制作与应用、体育美学、体育欣赏、应用写作、运动禁药、团体操创编理论、体育舞蹈与音乐、奥林匹克运动、常用生理生化指标测量与应用、体育学术讲座与专题讨论。

（2）技术学科选修。健美运动、地掷球、气排球、沙滩排球、橄榄球、保龄球、棒（垒）球、门球、毽球、手球、桌球、台球、医疗体操、太极拳、防身术、保健气功、拳击、散打、摔跤、击剑、轮滑、技巧、举重、滑冰、登山、攀岩。

（三）实践性环节

社会实践（入学教育、军训、劳动教育、社会调查、毕业教育、就业指导）；教育实践（10～12周，其中见习1～2周、实习8～10周）；科研实践（毕业论文、学术活动）。

附录二

《全国普通高等学校体育教育本科专业课程方案》
说明

一、学时安排

《全国普通高等学校体育教育专业本科专业课程方案》（以下简称《课程方案》）中各类课程课内总学时为 2 600 ～ 2 800，包括公共课约 720 学时（按教育部有关规定执行），专业课程按 1 900 ～ 2 100 学时、100 ～ 110 学分安排，各校可根据《课程方案》中确定的学时数浮动 ±10%。

学生自学以及课外复习、训练等不计算在总学时数内。

二、课程设置

《课程方案》确定了课程设置的基本原则，各校可在此基础上根据实际情况自主开设课程。《课程方案》中关于课程设置的基本特点是：

（1）增大学校课程设置的自由度。基本思路为：主干课程"领域"化，必修课程"学科"化，限选课程"模块"化，任选课程"小型"化。

（2）拓展课程的形式与内容。具体表现为：增加课程门类，力求课程形式多样化，课程设置合理化，课程结构弹性化，课程形态多元化。

（3）从课程设置的改革入手，促进教学管理体制从学年学分制过渡到完全学分制。

《课程方案》中的"顶点课程（Capstone Courses）"指的是为毕业班开设的综合四年所学知识的课程。

外语和计算机作为一种信息交流与获取知识的工具，其重要性日趋明显，21 世纪体育教育本科专业所培养出来的人才，既要适应基础教育改革与发展的需要，又要适应知识化和信息化社会建设的需要。为了加强和提高体育教育专业学生的外语和计算机水平，方案中对学生应达到的外语和计算机水平提出了明确的要求，即分别达到国家四级和二级水平，各校应从 2004 年新学年入学的新生中开始施行。

为应对 21 世纪对体育教育人才的要求和市场竞争的挑战，根据培养目标的定位，分方向选修课程以模块的形式开设了 5 个方向，约 530 学时，31 学分。

第一方向选修课程为技术技能方向——体育锻炼手段与方法方向，是分方向选修课程中的重点。作为实践性很强的体育教育专业的学生，必须掌握主要运动项目的技术技能。因此，《课程方案》中对第一选修方向的学时和学分都加大了权重。

体育教育专业的培养目标以培养体育教师为本、辐射其他体育相关领域，根据"健康第一"的指导思想和全面实施"全民健身计划纲要"的需要，应进一步拓宽专业培养口径，拓宽学生的知识面，同时也增强学生选课的灵活性，调动学生学习的积极性和主动性，提高他们的社会适应能力。为此，《课程方案》设置了体育教学训练、社会体育、体育保健康复及民族传统体育等方向的选修课程。

为了更好地体现宏观调控和微观放活的精神，各校可以参照《课程方案》中建议的任意选修课门类开设课程，也可根据《课程方案》中规定的学时、学分自主开设任意选修课，以便充分体现各校办学的自主性，更好地发挥学校的优势，办出各自的特色。

关于《课程方案》中各门主干课程的主要内容和基本要求，由"全国高等学校体育教学指导委员会"组织力量编写各门主干课程的教学指导纲要，供各校参照执行。